阴阳一调百病消

罗大伦◎著

吉林出版集团有限责任公司

图书在版编目(CIP)数据

阴阳一调百病消/罗大伦著. -吉林出版集团有限责任公司,2010.10
ISBN 978-7-5463-1637-6

Ⅰ.阴…　Ⅱ.罗…　Ⅲ.养生(中医)-通俗读物　Ⅳ.C912.64

中国版本图书馆 CIP 数据核字(2010)第 172093 号

阴阳一调百病消

作　　者:罗大伦
责任编辑:邓东文
出版发行:吉林出版集团有限责任公司
印　　刷:北京金龙印务有限公司
经　　销:新华书店
开　　本:710×1000mm　1/16
字　　数:370 千字
印　　张:17
版　　次:2010 年 10 月第 1 版　2010 年 10 月第 1 次印刷
书　　号:ISBN 978-7-5463-1637-6
定　　价:29.00 元

目 录

第一章 万病只有一个原因:阴阳不调

第二章 阴阳是个总纲,寒热左右健康

第三章 只有阴阳平衡,气血才会通畅

第四章 判断身体阴阳的简单方法

第五章 调理身体阴阳,食物可以帮忙

第六章 身体寒热不均,调理各有绝招

第七章 调理气血的简单方法

第八章 人体里面有个圆,水火在中间

第九章 山不在高,有仙则灵——金处方有何神效

第十章　天行健，君子以自强不息——强身健体金处方

第十一章　天将降大任于肝——疏肝理气金处方

第十二章　百病生于气，慈悲是良药

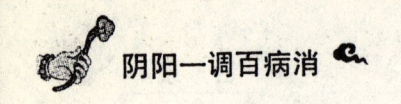

第一章
万病只有一个原因：阴阳不调

生命是一种内稳定状态，这种稳定取决于阴阳的平衡，阴阳就像天平上那两个砝码，一左一右，只有它们重量相当，天平才稳定。一旦阴阳失调，天平向一方倾斜，平衡被打破了，人就会生病。所以，人要获得长期的健康，就必须时刻保持阴阳的平衡。养生养的是什么？养的就是阴阳，只有阴阳调和，我们才能过上不生病的生活。

第一节 要想寿命长，全靠调阴阳

这些年，我曾经受中央电视台、北京电视台、山东卫视等媒体邀请去主讲中医节目，期间很多人都问我：养生最重要的是什么？我的回答就四个字：阴阳平衡。

世界上的万事万物，归根结底，可以分为两类：一为阴，一为阳。阴阳是两种相互对立的能量，它们一正一负，一左一右，一上一下，一前一后，相互制约，彼此依存。正因为阴阳彼此对立，相互依存，所以才有了天地、日月和男女。

人体虽然复杂，但说到底，也只存在两种能量：一是阴，一是阳。这两种能量不断变化，便有了人的生、老、病、死。

《黄帝内经》中说：“阴阳者，天地之道也，万物之纲纪，变化之父母，生杀之本始，神明之府也，治病必求于本。”一部《黄帝内经》，洋洋十几万言，其实说的就是阴阳。

人的一生离不开生、老、病、死。生是什么？生就是阴与阳这两种能量在身体内聚合，获得了暂时的统一。老是什么？老是阴阳在体内不断变化、衰减。病是什么？病是阴阳这两种能量在身体内出现了失调。死是什么？死是阴阳这个统一体的瓦解。

生命是什么？生命就是阴阳这两种相互矛盾的能量所构成的一个平衡体，在这个平衡体中，正极为阳，负极为阴，阴阳平衡才有了人，《黄帝内经》说“生之本，本于阴阳”。人生天地间，天在上为阳，地在下为阴，人在中间追求的则是阴阳平衡。所以，生命是一种不上不下、阴阳平衡的状态，如果这种平衡状态被彻底打破了，生命也就结束了。生命结束

阴阳平衡的健康状态

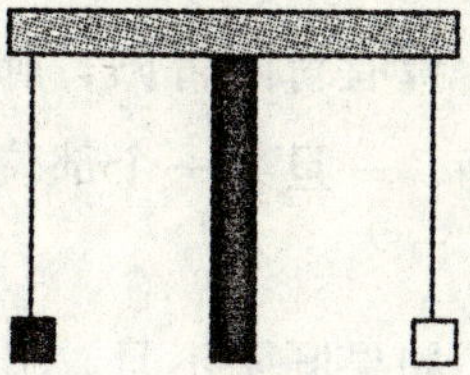

阴阳不平衡的疾病状态

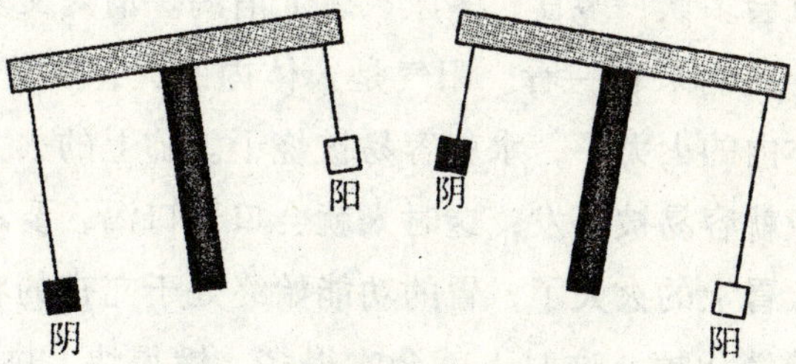

图一　人体内阴阳与健康的关系

之后是个什么状态呢？就是阴阳分离了。在八宝山火葬场人们就能看到阴阳分离这种现象，阳的能量化成几缕青烟飘向天空，阴的能量化为骨灰被埋在了地下，一个头顶蓝天脚踩黄土的人就这样从天地间消失了。

生命是一种内稳定状态，这种稳定取决于阴阳的平衡，阴阳就像天平上那两个砝码，一左一右，只有它们重量相当，天平才稳定。一旦阴阳失调，天平向一方倾斜，平衡被打破了，人就会生病。所以，人要获得长期的健康，就必须时刻保持阴阳的平衡。养生养的是什么？养的就是阴阳，只有阴阳调和，我们才能过上不生病的生活。

人身上的疾病有成千上万种，有的有名称，有的没有名称；有的是常见病，还有的是疑难杂症。不管疾病有多少种，有多么难治，它们的病理只有一个，那就是阴阳失调。人体的阴阳是相对平衡的，如果阴盛，阳气就会受损；如果阳盛，阴液就会受损，所以，《黄帝内经》说“阴胜则阳病，阳胜则阴病”。

阴阳蕴藏在身体的每一个部分，肾有肾阴肾阳，肝有肝阴肝阳，心有心阴心阳，脾有脾阴脾阳，胃有胃阴胃阳，肺有肺阴肺阳……身体每一个部分的阴阳都必须保持平衡，一旦某一个部位的阴阳失调了，那个部位就会出现疾病。

肝上的阴阳必须平衡，如果肝阴不足，肝之阳气就会急剧上升，这时人就会面红耳赤、头涨头痛、急躁易怒，中医称之为肝阳上亢，西医用血压计一量，很可能发现血压变高了。

肺、胃、肾的阴阳也必须平衡，如果肺、胃、肾的阳气偏盛，阴液不足，那么，人就会多饮、多食、多尿，患上消渴。消渴又名三消。三消是怎么回事呢？让我们来看一看。阳气是人体内的火，阴液是人体内的水。阳气偏盛，身体内的火大了，水就容易被烧干。肺上的火大了，唾液、汗液、泪液和血液就容易被蒸发，这时人就会口干口渴，要不断地喝水，中医称之为上消；胃上的火大了，胃的功能始终处于亢奋的状态，吃进去的食物很快就会被消化掉，这时人就会吃得多、饿得快，中医称之为中消；肾上的火大了，肾燥精亏，肾就控制不住水，肾不摄水人的尿液就多，总想小便，中医称之为下消。中医的三消，在西医化验检查的结果往往就是糖尿病。同样，体内阳气不足，阴液就会过剩，这时，整个人体就像是一个火力微弱的炉子，没有办法将锅里的水蒸腾起来，由于水汽不能上升，所以这个人会感到口干口渴，总是不停地喝水；同理，火力不足，水汽无法蒸腾，喝进去的水就会直驱而下，这就是为什么一些人会觉得喝进去的水，怎么没多久就出来了，这在中医来看是阳虚型的消渴，若经西医检查，往往也是糖尿病。

心脏的阴阳必须平衡，如果心脏的心阳不足，人体就如同失去阳光的普照一样，陷入一片阴霾的笼罩中，变得浑身发冷、精神不振。这时，水汽便会泛滥，出现水肿，结果，心脏的功能必然会受影响，甚至出现心源性水肿，西医一检查，发现这已经是心脏病甚至是心衰了。同样，如果心阴不足，那就如同一个液压机里，赖以传动压力的润滑油不足了，润滑油不足，机器就会出现空转的情况，就会动力不足；同样的道理，心阴不足，人体就会出现心悸气短、神疲力乏、失眠健忘等问题，西医一检查，结果往往是心律不齐，心脏病又来了。

总之，大到心脏病、高血压，小到感冒发热，一切疾病皆源于阴阳失衡。阳高寿短，阴重则病，阴阳失调，百病始生。为什么一些人三天两头会感觉不舒服，不是头痛，就是胸闷气短，就是因为身体内的阴阳失调了，这就像一个地区的生态平衡被打破了一样，不是干旱，就是洪涝。如何才能避免这些灾害呢？国家的办法是封山育林，让生态重新恢复平衡。生态一旦平衡，大地就会风调雨顺。那么，我们的身体如何才能风调雨顺呢？办法也只有一个，就是让身体的阴阳达到平衡。一个阴阳平衡的人，他精力充沛、面色红润、无病无灾，即使偶有病毒来袭，他体内的正气也能很快将病毒赶走。所以，只有阴阳平衡的人，才能健康长寿。

第二节 女性阴阳不调，脸上就会长斑

中医有很多养生方法，有中药、推拿、针灸、食疗等，不管采用什么手段，其目的都在于调理身体内的阴阳，只要阴阳平衡了，疾病自然就消失了。所以，很多中医师给人看病时，不说看病，只说调理，这是很有道理的。

大家千万不要以为，中医的调理是一件可有可无的事，其实，调理是从根本上解决身体的问题，《黄帝内经》说“治病必求于本”，本是什么？本就是阴阳。我就拿女性朋友常患的黄褐斑为例来说一下吧！

北京电视台的同事介绍了一位女性朋友，说要找我调理脸部疾患。这是位非常美丽的女性，但美中不足的是，她的眼睛外侧有两大片颜色很深的黄褐斑。她说自己生活无忧无虑，一切都很好，工作轻松，也非常富裕，但就是这个黄褐斑让她觉得很烦恼，她曾经去美容院处理过，花费数万，当时似乎效果不错，过后却依然不见好转。

我给她打了个比方，说局部治疗就好比是树叶黄了，我们不去找树根的问题，却往树叶上涂抹绿色，这样的做法不可能有好的效果。黄褐斑其实是她身体内阴阳失调的表现，因为女性的身体就像月亮一样，月亮一个月经历一次圆缺，女性的气血一个月出现一次盈亏。气为阳，血为阴，女性的气血随身体阴阳的消长而盈亏。如果因为某些原因（比如情绪抑郁等），女性的气血紊乱了，不能跟随阴阳消长的节奏，那么就会出现气滞血淤，淤血一旦停留在身体的某些部位，这些部位便会出现疾病，如果停留在脸上，则会形成各种斑类物质，这就是黄褐斑出现的原因。

西医治疗黄褐斑是从表面人手，一般采用剥脱、激素和激光等方法治

疗，这种方法见效很快，但停用后问题又会反复，不能除根，而且还有很大的副作用。那么，我们中医怎么办呢？中医是要从根本上入手，调理她身体内的阴阳，只要阴阳平衡了，黄褐斑自然就会消失了。

遇到这种情况时，我通常把女性的一个月分成三个阶段或者四个阶段来治疗，这次，我把她的一个月分成了三个阶段：月经过后是一个阶段，我开了个养阴的药膳方子；月经前是一个阶段，我在前面方子的基础上，加上了些养阳的药物；然后是月经期，我开了活血化淤的方子。

这样，整整一个月过去了，再见面时，我看见她的脸非常白净，就有点埋怨她了，心想你来找我看脸上的斑，为什么要化妆将斑遮盖住呢？这样我怎么知道病情的变化呢？于是，我告诉她，下次来的时候，一定要把妆卸掉，否则我无法看到黄褐斑的变化。

她吃惊地说："我一点妆都没有化啊！"

我也很吃惊，因为她脸上几乎看不出黄褐斑的痕迹了。原来，她的身体基本恢复了，气色也好了很多，面色由原来的晦暗变得泛着红晕，当我送她走的时候，她戴上了墨镜，风姿绰约，又是一副青春飞扬的模样了。

她对我说了几句话很有趣，她说："如果不是电视台里的人介绍，我绝对不会服用你的药膳，因为太便宜了，我去药店抓药，那么多天才花几十元，以前我为此花费的都是以千计数的，而且，这次的药膳汤还那么鲜美好喝。"

那么，我为什么要把女性的一个月分成三段呢？这与阴阳有关吗？

原来，女性身体内阴阳能量的变化与月亮的盈亏有关。月亮一月一次盈亏，女性一月一次月经。根据月亮的圆缺，月相被分成了新月、蛾眉月、弦月、凸月和满月。同样，随着女性生理周期的变化，她们身体内的阴阳能量也会呈现出不同的状况，于是，有人就根据月亮的圆缺，将女性的一个生理周期分成很多段。现在有分成三段的，有分成五段的，也有分成七段的。我认为分段太多就不利于调理了，你不能四天见一次患者，所以，我是倾向于三段分法或四段分法的。

首先，在月经结束的时候，阴血已大量流出，这时人一般是阴虚的，我们调理的原则就是要滋阴养血，想要养生的女性，可以做一些滋阴养血的食疗药膳，比如，在煲汤的时候，放人一点熟地、阿胶、当归（正常的用量应该是熟地九克、阿胶六克、当归三克，在中医看来，猪肉是滋阴的，清朝温病学家王孟英说猪肉最能滋阴，所以可以在汤里放入一点猪骨或者是猪皮，这样可以滋补阴血。

然后，在排卵期过后，阳气开始生发，此时，女性的身体处于一个由阴转阳的状态。大家注意，阴阳是互根的，阴生阳，阳生阴，当阴发展到了盛极的时候，阳就开始生发了，但阳是在阴的基础上生发的，所以，此时我们要在滋阴方子的基础上，加上一些补阳的药物，促进阳气的生发，我一般是用菟丝子、巴戟天等。此时，女性的基础体温开始升高，这也体现了阳长的状态。

接下来，就到了月经期，阴血排出，如果女性体内平时就有淤血，就可以借这个机会将淤血排出去，因为此时女性身体内的溶血机制增强。所以，这个时期的调理重点就是活血化淤，帮助女性的身体排出淤血。前面，我们说过黄褐斑是淤血的一种外在体现，如果我们将女性身体内的淤血排出去了，她们的气血畅通了，黄褐斑自然而然就会消失了。

那么，有的朋友问，为什么不是一个月里面，全部都用活血化淤的药物呢？那样不是更好吗？

事实上，调理要看身体的状态，对于身体壮盛的人，当然可以这样，但现在很多人都气血不足，金元四大家的朱丹溪认为：一定要等患者正气充足时才能攻邪，正气不足要补足才行，否则，“邪去而正气伤，小病必重，重病必死”。所以，我们要借助女性身体在一个月里阴阳变化的特点，先对她的身体进行滋补，然后等到月经期这个特殊的时期，再来活血化淤，这样不但身体不会受到损伤，反而还更加的健康了。所以，许多女性调理以后，气色会有很大的改观。

①月经结束时—滋阴养血，—食疗，—煲汤+熟地9 阿胶6 当归3 + 猪骨（猪皮）

③月经期—活血化瘀

①熟地9g 制首乌9g 当归3g 炒白芍3g 阿胶6g 龙眼肉三，猪脊骨一节、

第三节　女性调阴阳的秘方：阴阳双补汤

人只要阴阳平衡了，疾病自然就会消失，所以，中医是以调理为主。很多时候，常常会出现这样的情况，本来女性朋友是请我来调理黄褐斑的，结果，调理之后，不仅黄褐斑好了，而且身体的其他疾病也开始好转了，这是什么原因呢？原因就在于中医师综合调理、整体治疗。在这里，我给女性朋友开几个食疗的方子，这是把一个月分成四个阶段的方法，大家可以在不同的阶段服用，以便养生，适用人群是气血不调、精力疲乏、面色不佳的妇女，孕妇不可使用。

第一阶段，即月经结束后的第一周。

在月经刚刚结束的时候，阴血损失较大，需要以滋阴养血为主，促进体内“阴”的力量的聚集，阴血充足了，就可以为下一次月经做好准备。这个阶段食疗的方子是：熟地九克、制首乌九克、当归三克、炒白芍三克、阿胶六克、龙眼肉三颗、猪脊骨一节，煲汤喝，至于煲汤的火候，一般等猪脊骨熟透就可以了。这个方子里面，熟地是滋补肾阴的；制首乌滋补肝阴；同时用当归活血养血；阿胶和白芍滋阴养血；猪骨为血肉有情之品，中医认为猪为水畜，所以也是滋阴的。在制作的时候，可以根据自己的口味放入一点调料，但是不要太多，稍稍放人一点盐，这个汤的味道还算不错，一周可以喝两三天，帮助我们的阴血滋生。

第二阶段，即月经结束后的第二周。

此时阳气开始生发，女性的身体进入为排卵做准备的阶段，这个时候的滋养以促进阴阳平和为主。具体的食疗方子为：熟地九克、当归六克、赤芍六克、女贞子六克、菟丝子六克、猪脊骨一节、羊肉一两。服用的方

法依然是煲汤喝。方子里除了滋补阴血的药物外，还增加了女贞子滋补肾阴，菟丝子滋补肾阳；羊肉为温阳之物，也是血肉有情之品，对于促进阳气的生发很有好处，此时猪肉和羊肉共用，有促进阴阳平衡的意思。女性朋友一周之内可以喝两三天这个汤。

（3）第三个阶段，即月经结束后的第三周，也就是下一次月经来临的前一周。

此时阳气更加充足，即将为下一个阶段的月经做准备了，食疗的原则是，尽量补足阳气，方子为：熟地九克、当归六克、赤芍三克、菟丝子三克、巴戟天三克、羊肉一两、山药一段（两寸长，切片），方法依然是煲汤。其中，山药可以去菜市场买鲜的，用来滋补脾肾；巴戟天是温补肾阳的；去掉猪肉只用羊肉，这是为了使身体的阳气更好地生发，这个方子可以服用到月经的来临。

这时，需要注意一个问题，就是有的女性月经前脾气会特别大，这是肝气不舒的缘故。有这种情况的女性可以在前面方子里加入柴胡三克、枳实三克，用来疏理肝气。这个食疗方，一周也可以喝两三天。对于经前脾气大的女性，还有一个十分浪漫的方法：用于玫瑰花泡水喝。玫瑰花不仅是爱情的象征，更是肝郁女性的福音。中医有"芳香化郁"之说，玫瑰的芳香气味不仅沁人心脾，还能疏理肝气。肝郁脾气大的朋友可以尝试一下。

（4）第四个阶段，就是月经期。在月经期间，女性身体需要排出血液，月经排出的顺利与否，直接关系日后身体的恢复，现代医学工作者发现，此时女性身体开始启动一种溶血机制，平时因各种原因出现的淤血，都可以通过这个阶段排出，所以，这个时期需要体内的阴阳一起努力，把淤血排出体外。

食疗的方子是：熟地六克、当归六克、赤芍六克、桃仁六克、红花三克、益母草九克、生姜三片、羊肉二两。这个方子，用法也是煲汤，在月经期的第一二天，可以每天服用，以后几天适当服用两次即可。方子中的桃仁、红花、益母草都是活血化淤的。

我介绍的这种煲药膳汤的方法，大家可以根据自己的体质灵活掌握，方子是一天的量，大家煲好了汤以后，可以一天喝两顿，不要留到第二天喝，因为夏天汤容易腐化变质，冬天如果熬多了，可以多喝一次。既然是药膳，就和食物一样，随意吃就可以了，不必拘泥每日一次，一般一周里面喝两三天即可。

根据我的经验，一般的妇女，在经过两个月这样的分期调理以后，体内的阴和阳就能达到平衡；阴阳一平衡，气血就会通畅；气血一通畅，面色自然就会好转，同时，精力也会随之旺盛。

这套食疗方子，如果请当地医生根据个人的体质，适当加减，应该会有更好的效果。当喝一两个月，感觉自己的身体恢复以后，就可以减少喝汤的次数了，一周喝一次即可，再往后就可以不喝了。再次提醒，孕妇是不能用这些食疗方子的，因为胎儿为气血所聚，此时一般不能服用活血之药，食疗也包括在内。有怀孕计划的女性也不宜服用，因为如果在服用药膳的同时，晚上同房，导致意外怀孕，就会对胎儿有所影响。

第四节　阴阳只要一调，疾病立刻就消

我特别喜欢那英的一首歌，歌名叫《雾里看花》，其中有这样两句歌词："借我借我一双慧眼吧，让我把这纷扰看得清清楚楚明明白白真真切切。"我时常会想，一个人怎样才能拥有一双慧眼呢？我们究竟该如何去看待生活中的万事万物呢？琢磨的时间一长，自己也就有了一点体会，其实，要将事物看得清清楚楚，首先，必须得看事物的两面：一阴一阳。弄清了事物的阴与阳，纷扰的世界就变得明明白白、真真切切了。《易经》说："一阴一阳谓之道。"什么意思呢？就是说万事万物，不管它呈现出什么状态，不管它有多复杂，归根结底，都不过是阴阳的变化，抓住了事物的阴阳，也就抓住了事物的根本。

天有阴阳，于是就有了白天和黑夜之分；

人有阴阳，于是就有了男人和女人之分；

山有阴阳，于是就有了阴山与阳山之分。

阳的能量，它具有这样的特征：温热、明亮、干燥、兴奋、亢进，一般来说，上面的、外面的、左边的、南方的、天空的、白昼的、春夏的、运动的等等，都具有阳的特性。

阴的能量，它具有这样的特征：寒凉、晦暗、湿润、抑制、衰退，一般来说，下面的、内部的、右边的、北方的、大地的、黑夜的、秋冬的、静止的等，都具有阴的特性。

也许，有人会问："罗博士，你说了那么多，养生究竟与阴阳有什么关联呢？"在这里，我就讲一个我亲历的故事，这个故事告诉我们养生如果不分阴阳，就会铸成大错。

前一阵子，我回了一趟老家，碰到这样一个病例，患者是我的亲戚，六十多岁，男性，他的病说起来很有些来历。我在北京的时候，这个患者就来过电话，他当时叙述的情况是心脏不好，胸闷，喘不上气来。有一天他从楼下走回家，突然嘴唇变白，胸中无比难受，呼吸困难，于是就叫了120急救车，在医院里住了若干天，问题还是没得到解决，他只好回到了家里。他给我打了几次长途电话，我都觉得不了解病情，无法下手。

这次回去，我只有登门看看，到底是什么病，这么严重。

一看之下，我也是大吃一惊，已是六月的天气了，只见他竟穿了两条裤子，一件长袖衣服，双手抱肩，显然是很冷。我给他诊了脉，脉象缓，重按无力；伸舌，舌质淡白。到这个时候，我就基本可以认定这是个寒证了。为什么呢？因为健康的人都是阴阳平衡的，而生病的人都是阴阳失去了平衡，前面我们说过，阳的能量具有温热、明亮、干燥、亢进等特征，阴的能量具有寒凉、晦暗、湿润、抑制、衰退等特征。大家看，大热天，可这位病人如此怕冷，这就表明他的身体已完全被阴的能量所控制，阳的能量已虚弱不堪了。《黄帝内经》说："阳虚则寒，阴虚则热。"

最明显的是他的手，手指都发青了，我一摸，手冰冷，中医说"手青至节"是很严重的情形。我问了一下他的治疗过程，原来，他患病后先去的是我们那里一个西医院，入院后检查说是严重的心肌供血不足，就开始打点滴，用上了治疗心脏病的药物（我也不知道用的是什么药），结果也没什么改善。于是他出院，去了一家中医院住院，这家中医院无比现代化，医生一看是心脏不好，马上就开始活血化淤，给他开了很多点滴——现在很多中医院都是这样的思路，将活血化淤的中药，用点滴注射进人体。这也许就是中西医结合吧！结果若干天后，不但症状没有消除，还加重了，病人出现了不能睡觉，每天晚上烦躁胸闷，同时没有胃口，每餐只能吃几口饭的情况。

记得当时亲戚给我打电话，我就推荐了该院我认为不错的一个医生。结果患者去了，该医生拒绝开药，说开不出汤药了，去找西医开点治疗心脏的药吧。亲戚听完这番话，心就凉了大半截，他觉得自己的人生之路快

阳虚则寒 阴虚则热

要走到尽头了。

于是他又去了西医院。西医告诉他要做冠状动脉造影，还要他做好做支架的准备。患者听完，就一言不发，默默地回家了。

恰在这个时候，我回来了，看到刚才那一幕——他穿了双层的衣服，在屋子里仍感觉冷。而且他已经连续三天基本没睡觉，也没有吃什么东西，精神衰乏。他说自己有两次在凌晨三点的时候觉得熬不过去了，就打了120急救电话。

听完亲戚的叙述，我心里很不是滋味，因为这在中医里面，是一个很容易诊断的阳虚之证，所有的指征都有了。西医我们就不说了，人家本来就没有阴阳寒热这个理论，所有的人来了都是那些药，我们管不了人家，可是我们的中医院为什么视而不见呢？病人如此怕冷，这是明显的阴盛阳虚，阴盛之后，人就会变得抑郁烦躁，想死。因为阴的能量具有抑制的特点，它能让人的情绪低落，求生欲望降低。

我当时看到患者的手指都青了，很后怕，心想如果我不来，这些人继续给打点滴，不知道会有什么后果。我急忙告诉患者家属，赶快用一段葱白，再放人两调羹的白酒，加一杯水熬，开锅后五分钟就喝。这个要马上喝。同时，我还开了吴茱萸汤，这是《伤寒论》中的一个方子，就只有吴茱萸和党参两味药，再加上生姜和大枣，用来治疗阴寒过剩之证。吴茱萸是什么呢？唐代诗人王维有一首诗：独在异乡为异客，每逢佳节倍思亲，遥知兄弟登高处，遍插茱萸少一人。工维诗中说的茱萸，就是我这里用的茱萸。大家可以从中看出，我们中医调理阴阳的思路非常简单，你不是阴盛寒冷吗？那我们就用一些温阳的药。葱白是热性的，白酒是热性的，吴茱萸是热性的，生姜是热性的，大枣也是热性的，在所有这些药材里，只有党参是性平的。

开完方子，因为还有别的事情，我就先告辞了。

第二天早晨，患者告诉我，喝完汤药后，晚上他睡足了八个小时，这些天的觉都补回来了，而且早晨也吃饭了，喝了一碗粥，吃了一点馒头。

接下来的两天，他的睡眠都很好，胸中烦躁也消失了，还可以自己走出家门去溜达。我特别问了一下还冷不冷，他说手已经变暖了，只是脚还有些凉。

服用了三副吴茱萸汤后，我又和他通了电话，他说症状基本消失了，即使下雨，天气很冷，他穿T恤衫也不觉得冷了，没有任何不适的感觉，每天都下楼散步。

这件事让我深深地体会到，阴阳对于人的健康有多重要，如果亲戚听那位西医大夫的话，给心脏做了支架，那将是多么大的一个浪费啊！

问答：

angell726 问：

罗博士，你的阴阳双补汤真是太好了，我脸上就有黄褐斑，在当地看过中医，一周要花300元，一点效果都没有，按照你的方法，我调理了一个月，黄褐斑明显减少了，精力也比以前强了，同事们都说我跟换了一个人似的，相信这个方法能让不少女性受益，你真是做了一件大善事。

另外，我现在迷上了中医，想请教一下，我有一个朋友白天无精打采，哈欠连天算不算阳气虚？

罗博士答：

我写这本书的目的是为了给大家提供一个思路，千万不能照搬，每个人的情况不一样，调理方法也应该不一样，你用这个方法调理有了效果，证明这个方法符合你的症状，不符合症状的朋友，应该在当地医生的指导下调理。

你提的问题，有可能是阳气虚或者说肾阳虚。张仲景说少阴证“但欲寐”，什么意思呢？就是说人的身体白天是由阳的能量控制，晚上是由阴的能量控制。阳的能量主动，所以，白天适宜工作；阴的能量主静，所以，晚上适宜睡眠。但如果你阳的能量不够，身体在白天不能完全被阳的能量控制，那么阴的能量就会冒出来，阴主静，静则多眠，所以，这时人就会出现一种朦胧迷糊、似睡非睡、似醒非醒的状态。很明显，这就是阴阳两种能量在白天共同控制着身体。如何来调理呢？温经回阳，让身体内的阳气充足起来，只要阴阳的能量一平衡，疾病自然就消失了。

当然，白天无精打采、哈欠连天，也可能是夜里没睡好，这时就需要安神，只要好好睡上一觉，阴阳协调了，症状也就消失了。

新浪网友问：

有个问题想问问博士，我最近在用艾灸的方法调理身体，可我发现艾灸后上火比较明显，特别是会出现口干舌燥的感觉，还有就是失眠，我该怎样处理比较好呢？谢谢！

罗博士答：

人是由阴阳这两种能量组合而成的，阴阳这两种能量在身体内又可表现为寒和热，寒为阴，热为阳。中医最根本的原则就是调阴阳，身体内阴的能量多了，就让它少一点；身体内阳的能量少了，就让它多一点，只要阴阳平衡了，身体也就健康了。所以，中医在调阴阳这个原则的指导下，发明了很多方法，诸如寒则温之、实则泻之等。

艾叶是温性的，火更是热性的，所以，艾灸为温热疗法，对于寒证来说适合，对于热证则不适合。在中医发展的初期，人们曾经大量使用艾灸，但是后来有了辨证论治，就发现了这个问题。张仲景在《伤寒论》里面就多次论述错误地使用火热的外治法导致的津液损伤问题。张仲景的再三论述，说明当时这个问题也很严重，今天我们更要客观地看待此类问题。

从你的反应来看，你的问题应该是热证，人有了热证，再用温热疗法，这就好比火上浇油，所以，你才会上火、口干、失眠。调理是要对症的，症是什么？症就是身体内的阴阳状况。现在你身体内阳的能量本来就多了，再给你增加一点，阴阳就更不平衡了，所以，你可以选择其他的治疗方法，一切以对症为最重要。

第二章
阴阳是个总纲，寒热左右健康

人的身体内有两种能量：一为阴；一为阳。阴阳这两种能量必须平衡，身体才会健康。一个人如果身体内阴的能量多了，他就会感到寒冷；如果阳的能量多了，他就会感到燥热。《黄帝内经》说："阳盛则热，阴盛则寒。"所以，调阴阳先要从寒热开始，寒热平衡了，阴阳也就平衡了。

第一节　阴虚生内热，阳虚则寒

人的身体内有两种能量：一为阴；一为阳。阴阳这两种能量必须平衡，身体才会健康。一个人如果身体内阴的能量多了，他就会感到寒冷；如果阳的能量多了，他就会感到燥热。《黄帝内经》说：“阳盛则热，阴盛则寒。”所以，调阴阳先要从寒热开始，寒热平衡了，阴阳也就平衡了。

有些人总爱将养生说得很神秘，说得让老百姓听不懂，其实，养生是很简单的事，只要你是一个知冷知热的人，你就知道该如何养生。天冷了，多穿一件衣服，天热了，脱掉一件衣服，这就是养生，也就是在调阴阳，阴阳协调了，就会百病不生。但是，如果你不知冷知热，让大自然中阴的能量进人了身体，就会打乱身体内阴阳的平衡，中医将进人身体内的阴能量称为“寒邪”，而把进人身体内的阳能量叫做“热邪”。如果一个人的身体受了“寒邪”和“热邪”，怎么办呢？办法也很简单，就是用大自然中热的能量将寒邪赶出体外，用大自然中寒的能量将热邪清理掉。寒邪和热邪离开了身体，身体内阴阳平衡了，体温也就正常了。

中医虽然博大精深，但最终会落实到两个字上面：一个是寒；一个是热。寒是什么？寒就是身体内阴的能量多了，使阴阳失去了平衡。热是什么？热就是身体内阳的能量多了，使阴阳失去了平衡。一阴一阳谓之道，偏阴偏阳谓之疾。在中医看来健康的状态就是阴阳平衡，不冷不热。不健康的状态有两种：一是偏阴而寒；一是偏阳而热。所以，中医养生说到底，就是调整身体的寒热状态：你热了，我就让你冷一点；你冷了，我就让你热一点。

也许，有人会说，罗博士，你把中医说得也太简单了吧，真是这样吗？一点不假，真的就是这样。大家都知道，千百年来，中医存在着两大派别：一是温阳派；一是清凉派。温阳派侧重的就是一个“阳”字；清凉派侧重的就是一个“阴”字。温阳派认为“百病寒为先”，寒是疾病的起源，在此基础上，温阳派便想方设法纠正身体寒的状态，使用一些温阳的药物，比如干姜、附子等，来振奋阳气，使身体达到阴阳平衡。

清凉派则认为热是很多疾病的起因，热会灼伤人体的津液，为了保护津液，他们创立了清热解毒的方法，使用一些比如生石膏、大青叶、大黄等凉药，以此来纠正身体热的状态。虽然这些理论最初大多起源于外感病的治疗领域，但是也逐渐影响了内伤疾病的治疗。

不难看出，中医其实就像一个太极图，温阳派因为一个温字，它便成了太极图中的阳；清凉派因一个凉字，它便成了太极图中的阴。在中医的历史上，这两派不断地争论，也在争论中不断进步，它们分别从两个侧面丰富了中医的理论，共同演绎了灿烂的中医文化。我曾经写过那么多的古代中医大家，最深的感受就是：虽然这些医家从理论上总是属于某一派别的，但一旦遇到患者，他们的出手是灵动的，当遇到寒证的患者，他们一定会开出温热之药；如果遇到热证的患者，他们也一定开出清凉之药，所以他们才成为高明的医生。因为，这一阴一阳，就是我们中医的根本，只有分清阴阳，才能克敌制胜。

中医非常伟大，它之所以伟大，是因为有阴阳；中医非常聪明，它之所以聪明，是因为有寒热。大家都知道，西医看病先要化验，化验是起什么作用的？化验是在找病毒。然而，世界上的病毒千千万，而且还在不断变异，于是西医便借助科学技术的发展，发明了各种各样的检查设备，满世界地追捕病毒。但中医不这样，在中医看来，不管有多少病毒，只要人生病了，无外乎呈现出两种状态：一是寒；一是热。只要弄清楚病人身体处于何种状态，然后进行调理就可以了。所以，你去看中医，中医没有任何设备，他通过望、闻、问、切来诊断，其目的就是判断你身体是寒，还是热。下面，我就举两个例子来说明。

有一次，我到中央电视台下属的一个电视公司的z领导家里做客，刚聊了几句，就听到楼上咳嗽的声音，然后他的儿子一路咳嗽着下楼了。

这个小伙子正在读高中，瘦高个儿，他一边咳嗽，一边冲我点头问好。

我很诧异，问："怎么咳嗽得这么厉害？吃药了吗？"

z领导告诉我："该吃的药都吃了，就是这个咳嗽，总是不好，已经有十多天了。"

我知道z领导的夫人是搞西药的（她是专业出身），于是就问她，都吃了什么药。回答是：阿莫西林已经吃了好久了，现在什么都不敢吃了。

这时，一家人都看着我，我心里想，反正刚好赶上了，就给看看吧，于是要了纸笔，问这个小伙子："有鼻涕吗？什么颜色的？"

小伙子回答："有，是像水一样清的。"

我稍微诊断了一下，心里就有数了，这是个寒证，就是说他身体内某个地方属阴的能量多了，处在寒的状态。我是怎么判断出来的呢？主要是通过鼻涕。鼻涕如果是像水一样清，这就说明身体内有寒，人们常说冷得流清鼻涕就是这个道理。倘若鼻涕是黄色的，而且比较浓稠，这就说明身体内有热。可是这个小伙子的寒在哪里呢？是在胃上、肝上还是在肺上呢？通过他的咳嗽，我判断寒在他的肺上。道理何在呢？《医学三字经》说"肺如钟，撞则鸣"，意思是说，人的肺就像一口悬挂着的钟一样，外邪轻轻一碰，它就会鸣响，这个鸣响的声音就是咳嗽和哮喘。知道了体内有寒，又知道了寒在肺上，调理起来就简单了，此时，只要稍微用一些温热的宣肺药把寒邪宣出就可以了。

于是我就开了方子，大致是：防风三克、荆芥三克、紫菀六克、款冬花六克、白前六克、百部三克。大家看，这个方子里防风是温性的、荆芥是温性的、紫菀是温性的、款冬花是温性的、白前是温性的、百部是温性的，中医的思路就这么简单——用自然界中温热的东西来驱散身体里的寒。

然后我还特别告诉他们，熬药的时候放入鲜橘子皮。为什么要用鲜橘子皮呢？因为橘子皮味辛。剥橘子皮的时候，用手一挤，里面的汁会发出一股十分呛鼻子的味道，如果飞进了眼睛，眼睛会非常难受。我这里用橘子皮就是借它的辛味，将寒邪从肺上宣散出去，况且橘子皮也是温性的。

没想到他们家人性急，说："我们现在就去买药吧！"

于是一家人马上开车去药店。回来熬药的时候，他们还特意让我看看橘子的个头，并且当着我的面煮了药。

调理肺部寒热的药，有个秘诀，那就是量不能大。有的医生开方子时喜欢每味药都开三十克，实际上有老中医传授过我，说肺经药，分量要轻，如果过重，则药过病所。的确有过这样的例子，有的医生开几十克一味的药，治疗肺经的病，毫无效果，结果老中医原方不动，只是每味药都换成了三五克，结果病人服后病立愈。

另外就是治疗肺经病的药（尤其是宣肺解表的药），通常要泡一下，浸透，再者是熬的时间要短，一般十分钟就可以了，熬时间长了，则味厚入中下焦了。这也是一个诀窍。

孩子喝下药后，我就走了，自己也忙。等到第三天的时候，我在和平街北口的一个饺子馆吃饭，当时很晚了，人也很疲惫，突然接到一个电话，是Z领导打来的。他说孩子服药一天后，咳嗽立刻减轻，第二天就基本痊愈了，还说："看来剩下的药不用吃了，留着下次咳嗽再服用吧。"我忙解释，下次咳嗽一定要开新的药，因为这次是他身体内有寒，下次就不一定是了。我们一定要根据身体的寒热情况来调理，否则就会出麻烦。

人们常说中医很厉害，其实，厉害就厉害在辨证上，那辨证到底是在辨什么呢？辨的是阴阳，辨的是寒热。一句话，辨的是身体处于何种状态。只要弄清了身体的状态，调理起来就容易了。同样是咳嗽，但身体的状态可能完全不同。寒的状态，人会咳嗽，热的状态，人也会咳嗽；所以，中医强调一人一方，即使是同一个人，不同的时候，也要用不同的方子。上面这个小伙子，他咳嗽是因为肺部处于寒的状态，所以我给他用了温热的药；如果肺部处于热的状态，我们又该如何调理呢？

有一位老患者，是我一位同学的母亲。因这位同学在外地，所以老太太都是找我调理身体的，效果不错，因此她对我很是信赖。这一天，我跟她通电话，听到她说话有气无力的，而且咳声阵阵，忙问怎么了。她说这几天一直在咳嗽，吃了很多的药都没有控制住。我就立刻问她，咳嗽是否有痰，她说有；我又问痰的颜色，她说是黄色的块状痰。

这样我就明白了。但我给老人调理身体一直很谨慎，有的年轻人我通过电话就给开方子了，对老人则从来不敢，因此还特意跑到了她家里，给诊了脉，查了舌象，才敢开方子。

我断定她是外感导致的肺热不清，此时要清热利肺，就开了方子：双花、连翘、蒲公英、鱼腥草、枇杷叶、浙贝、杏仁、前胡。这个方子里面基本都是凉的药，完全是针对热证的。结果第三天我接到电话，她说咳嗽很快就被控制住了。

从这两个例子中大家可以看出，一个小伙子，一位老太太，他们同样咳嗽，但身体却完全处于不同的状态：小伙子是肺部有寒，老太太是肺部有热。试想一下，如果将他们两位的药互换一下，结果会怎样呢？

我写过那么多的古代医家，要问我最深切的感受是什么，那就是：好的医生能够准确地判断阴阳和寒热，每次作为配角出现的庸医，都是在阴阳和寒热这样的大方向上搞错了，所以才沦为庸医，现在这样的情况也有。

我不敢说自己每次诊断都正确，但是我能够看到这里面的关键，在考博士之前，我就有这样的感受，只要是好的医生，一律都是辨证准确；患者躲着走的医生，一定是辨证乱七八糟。所以，我在报考博士的时候选择了中医诊断学，立志要好好研究这门学问。

第二节　健康不健康，寒热来主张

不健康的身体存在两种状态：一为寒；一为热。但值得注意的是，寒的状态和热的状态并不是静止不动的，它们时刻都在变化，寒热变化最突出的莫过于感冒。

以前，中医教材把感冒分成风寒、风热两种，我认为这是错误的，其实，风寒和风热不是感冒的不同类别，而是感冒的不同阶段。感冒都是由温度变化引起人体机能障碍导致的，每个人的每次感冒，都会经历风寒和风热两个阶段。

首先，感冒第一时间是给身体造成了一定的抑制状态，最明显的表现是体表发冷，要裹紧衣服，有的时候还流清鼻涕、打喷嚏，有人管这叫风寒感冒，其实，这只是感冒的最初阶段。为什么说这是身体的一种抑制状态呢？因为这时人体处于一种“不足”的状态中，气血不能供应体表，无法组织有效的低抗，因此这是一种“属阴”的状态。也就是说属阴的能量开始控制身体了，而属阴的能量具有抑制收缩的特性。我们在中学物理课上就学过：物体的特性之一是热胀冷缩。人体也一样，热了，身体就会向外舒张流汗；冷了，浑身起鸡皮疙瘩，身体就会向内收缩，这时人就会打喷嚏、流清鼻涕。

实际上，感冒的初级阶段，有的时候特别短，几个小时或半天就过去了，由于它太短了，所以很多人没有给予足够的关注。大家注意，这个体表发冷的阶段太重要了，此时寒邪还没有深人，身体的抵抗机能还有能力迅速将它清除出去，因此一定要抓住这个时机啊！怎么办呢？抢时间解除抑制状态！方法其实很简单，任何热性的食物、饮料都可以，有的时候，甚至一杯热水都管用。因为身体本来是由阴和阳这两种能量来控制的，但现在阴寒的能量开始变得强大起来，它想要独自控制身体。最直接的方法就是用温热的东西来增加身体内阳的能量，使阴阳重归平衡。通常，用大葱的根部也就是葱白，切一下，加几片生姜，在水里稍微熬一下，一开锅就好，不要久熬，因为要的就是它那种刺激的成分，用吴鞠通的话说是“香气大出，即取服，勿过煎，肺药取轻清，过煮则味厚人中焦矣”。这里要说明一下，葱白和生姜都是温热的食物，它们进入身体之后，会增加体内阳的能量，阳的能量充足之后，身体就会发热出汗，从而使身体内阴阳的能量重新达到平衡。为什么葱白和生姜又不宜久熬呢？因为此时寒气只停留在体表，属于肺经，肺经有寒应该宣。宣是什么意思呢？我们常说宣传宣传，意思就是说要向外扩散。什么东西容易扩散呢？轻的东西最容易扩散，比如空气。所以葱白和生姜轻轻一煮，气味轻清，进入身体之后，就像一阵热风狂吹，肺上的寒邪很快就无影无踪了。

我还经常让人用苏叶泡水，来驱散体表的寒邪。苏叶，也叫紫苏叶，药店有干的苏叶卖，各位可以在办公室里准备一小包，觉得自己快感冒了，身上突然发冷，立刻用开水泡一把，六七分钟后就可以喝了。

古代的时候是用麻黄、桂枝等药来解决这个问题，现在不大用了。但如果真是冷得浑身发抖，一点汗都没有，那还是要用《伤寒论》中的麻黄汤。通常用苏叶、葱白等就可以了，等到身上发热，不再觉得冷，就可以了。最好是能微微出点汗，但是不要出大汗，更不要马上就去风口站着。

还有个方法就是把热水袋放在被窝里，放在后背的肺腧穴附近，也就是靠近肺部的脊柱两旁。热水袋要不远不近，以免烫到皮肤，这样睡觉可以帮助阳气生发，使体内的抑制状态得到改变。

这个阶段，就是中医说的外寒阶段。

这个时候如果咳嗽，可以选用中成药通宣理肺丸。这个方子里面基本都是温药，可以帮助身体组织抵抗，切记不可以用寒凉的药物。

如果在外寒的阶段处理及时，根据我的经验，一天的时间就可以把感冒解除掉。如果您没有注意，那么，寒邪继续深入，很快就会到内热

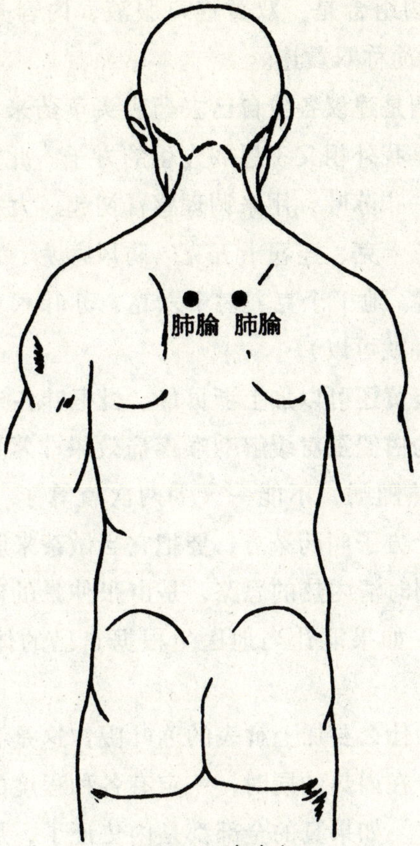

图二　肺腧穴

阶段。

什么叫内热阶段呢？原来，随着外邪深入，体内的抵抗力量开始和外邪展开激烈的斗争，身体的很多地方都成了战场，此时的表现是一派热证：咽红、咽痛、发烧、骨节酸痛、咳嗽，等等；诊断指征是：痰黄、鼻涕黄、咽喉疼痛、体温上升。大家一定要记住这些指征，我也经常通过痰和鼻涕来分析病情。

这个阶段怎么办呢？扁桃体发炎了，开始咳嗽了，这些都让人无比难受啊！

此时要用清凉派清内热的方法。

一个简单的药物组合是：双黄连口服液，内容是双花（金银花的别称）、黄芩、连翘，简称双黄连。

如果严重，我倒是建议各位自己去药店买草药来熬，下面这个药茶方子是我经常用的，是我外祖父王恩阁先生的方子。此方是用于治疗咽喉肿痛的，我给加上了一味苏叶，用来调理感冒初起，大家可以参考一下。

基本方是：双花十克、连翘十五克、防风六克、前胡三克、白僵蚕十克（捣）、公英十克、地丁十克、射干六克、苏叶六克（苏叶要熬好药闭火时后下，泡十分钟就可以）。

如果咳嗽而且痰黄还可以加上浙贝母、枇杷叶各十克。

这个方子里面的白僵蚕对缓解咽喉疼痛效果非常好。熬好药以后，要像喝茶一样喝，随热随喝，不能一天喝两次就算了，这样才能使药力持续，所以，我管这个方子叫药茶方，要把它当做茶来服用。

此方是解外寒同时清内热的思路，是由张仲景的麻杏石甘汤的思路变化来的，比较有效。如果能让当地医生根据自己的体质有所加减就更好了，孕妇忌服。

既然是热证，为什么要加上解表的苏叶呢？这是我的经验，感冒基本上没有纯粹的热证，在内热的同时，一定有各种程度的外寒，因此要配合解表，否则效果不好。如果真的全部都是内热证了，那这个病一定极其严重了。

一般情况下，喝几副这样的中药，内热就可以解除了。

如果在内热的阶段处理及时，依我的经验，基本可以在两天内解决掉感冒（有些人症状的减轻过程会持续几天），而且绝对不会再发展。然而，现在一些人受西方的影响很深，认为感冒没有什么特效药，过七天自然就好了。不久前，我看中央电视台请了北京某大医院的三位大专家谈论感冒，其中的两位说："感冒就是回家多喝水，然后休息七天，自己就好了。人家美国也是这样做的。"我听了之后，心里很不是滋味，论科学技术，美国肯定比我们发达；但论养生，美国就不如我们了，因为，我们有几千年的养生智慧。

第三节 如何清除身体的寒湿和署湿

疾病是一种状态，要么寒，要么热。这个寒热又可以与湿相结合，使身体出现寒湿和湿热的状态，最明显的表现就是寒湿感冒和湿热感冒。要弄清寒湿和湿热感冒，我们应该先来了解湿邪。

湿气从哪里来？它来自大自然，来自我们的体内。

大自然湿气重了，比如桑拿天、比如江南水乡，整个大环境湿气都重，就会使人体出现相应的变化。

我们体内的湿气来源也很多，无度地饮茶，吃得太肥甘厚腻了，导致脾胃不能运化，都会产生湿气；有时阳气不足，也会导致湿气无法化去——本来喝的水就不多，代谢得更少。

但是，湿气本身并不是感冒的病原体。我们称湿气为邪气，可湿气本身并不直接导致感冒，湿气的最大危害是让身体的运转异常，身体运转一异常，感冒病毒就会乘虚而入，最终使得你感冒。

各位要了解：湿是六邪中唯一的有形之邪，其他的四邪都可以和湿结合，比如暑湿、寒湿、湿热、风湿，只有燥和湿相反，所以没有结合。

本来是“湿为阴邪，非温不化”，但是这么一结合，湿也就出来寒热了。所以，在治疗湿气引起的感冒时，也要分清阴阳。分阴阳的思路大家要记住，这是中医的原则。

如果寒气和湿气结合，导致人体紊乱，那么人体就会出现舌苔白厚、身体发冷、头晕头重像戴着帽子、胸闷，最明显的是脾胃往往出现问题，比如腹痛、欲呕、腹泻，等等，此时感冒病毒乘虚而人，就会形成我们通常说的寒湿感冒（如果脾胃症状严重，我们也称为胃肠型感冒）。

这时该如何调理呢？中医的思路仍然是调阴阳，既然体内有寒，还有湿，我们只要将寒湿赶出去，身体阴阳一平衡，病自然就好了。根本不用去想办法杀灭感冒病毒，其实，到今天为止，西医也没办法杀灭它。这种感冒往往越是打抗生素就越重，很多人患上这种感冒后发烧，就去医院打点滴，结果，不仅高烧不退，人还越来越虚。

大家从这一点可以看出中医养生和西医的不同，中医注重的是调理自身的状态，西医注重的是杀灭感冒病毒。为了更形象地说明这个问题，我们不妨将病毒比作小人，西医对待小人的方法是赶尽杀绝，不留后患，但小人能杀绝吗？不能。古往今来，小人总是层出不穷，而且更重要的是，你在杀灭小人的过程中，自己还会惨遭损失，历史上无数英雄没有战死沙场，最终却倒在了小人面前。西医治病就是这样，西药在杀死病毒的同时，也有可能毁坏了自己的身体。

那中医是如何对待小人的呢？中医认为一个人的周围之所以存在小人，是因为这个人的品德不好，比如他好虚荣、有贪欲、自私、嫉妒心太强等，这就如同他的身体有寒湿一样，本身就处在不平衡的状态，才给了小人可乘之机。那么，怎样来对付这些小人呢？方法很简单：一是不理睬它，不与它纠缠，也不想着如何去消灭它；二是迅速纠正自己的过失，调和阴阳。阴阳一调，身体运转正常了，小人一看，原来这是一位正人君子，他不与我纠缠，太没趣了，于是，小人就会扫兴离开，再去寻找别的人了。

智慧的人身边没有小人，因为他不给小人可乘之机，有时小人会蓄意进攻，造谣生事，但智者总是不理不睬，时间一长，谣言自消，所以，谣言止于智者。同样的道理，善于养生的人也从来不给病毒可乘之机，因为他们身体内的阴阳总是处于平衡的状态，偶尔失调，他们稍一调整，就能让身体恢复平衡。就以这个寒湿感冒为例，西医的思路是杀死病毒，中医的思路则是祛除体内的寒湿，不与病毒纠缠。在宋朝的《太平惠民和剂局方》里，老祖宗为我们提供了一个非常智慧的药方，叫藿香正气散。藿香正气散里有广藿香、紫苏叶、白芷、白术、陈皮、姜半夏、厚朴、茯苓、桔梗、甘草、大腹皮、大枣、生姜。这个方子里面，广藿香是祛湿的，它通过香气来振奋体内的阳气，从而驱散湿气，白芷也起这样的作用；苏叶和生姜是温阳的，可以把寒邪赶出去；茯苓和大腹皮是泄湿的，可以把湿气排泄出去；陈皮和厚朴是行气的，用来振奋气机。整个一个方子都是在纠正身体寒湿的状态，而没有一味药是针对感冒病毒的。那么这个方子有效果吗？

举个例子，我有个朋友的妻子是位演员，有一天突然她给我打电话，说他们夫妻两人一起去南方旅游，结果刚到家她就开始泻肚子、发烧，非常难受，她害怕得不得了，问我怎么办，是不是要去医院打点滴？我当时在电话里分析了一下她的情况，就问她，还能行动吗？她说还可以，于是我就让她下楼去买藿香正气软胶囊服用。

结果第二天，她就告诉我已经基本没有问题了。

见效如此之快。

使用藿香正气有个诀窍：如果这个人泻肚子，那么最好服用藿香正气丸或者软胶囊，因为这样药力可以偏下；如果是呕吐，最好服用藿香正气水，因为这样药力偏上；如果又吐又泻，则两者都用，这是我在应用中得到出的经验。这个经验很管用，我身边的朋友受益匪浅，后来我发现很多朋友都能自己识别寒湿感冒，并进行调理了。

另外的一种是湿热感冒，一般出现在夏季桑拿天。症状往往是发烧，头晕，头重如同带着帽子，有时也微微发冷，怕风，胸闷，尿不多、黄，最明显的指征是舌苔满布，有时还会呈现为淡淡的黄色。

此时，我们的治疗原则是：祛湿同时清热，但切记不能用解毒的药物，因为湿气不除，解毒是没有多大作用的。

这个时候用清代名医吴鞠通的三仁汤比较好，我在《神医这样看病》中写过这个方子的应用。其实，这个方子也是一点杀灭感冒病毒的东西都没有，就是杏仁、白蔻仁、薏苡仁，这三仁，加上半夏、竹叶、厚朴、通草这几味药。如果舌苔黄，也可以少少的加入黄芩、黄连，但是量一定要少，三五克就可以。

这个方子里的三仁都是祛湿的，其中杏仁开肺气，中医认为肺为水之上源；白蔻仁开中焦之气，薏苡仁泻下焦水湿。水湿一去，身体自然就恢复了。

根据我的体会，湿热感冒用三仁汤以后，恢复得极其迅速，往往是一两天就能解决问题了。

那么，该怎么预防寒湿感冒和湿热感冒呢？

第一，不要受寒。晚上的时候注意不要让寒邪侵袭到自己，对天气的转变有个认识，要有准备。

第二，注意湿气的影响。在经常下雨或湿气重的地方，要注意祛湿，怎么祛呢？可以去调料店买点白蔻仁，在菜快要做好的时候放人几颗，花椒等调料也别忘记放，因为这些都是燥湿的药物，可以提高我们肌体的抗湿能力。

第三，注意锻炼。锻炼身体是提升阳气的关键，锻炼时出汗也是排除湿气的重要手段，而且在锻炼过程中，身体气血运行加快，这也是提高身体各个系统功能的一个好机会。

如果患了这类感冒，又该怎么处理呢？

这类感冒，开始时多是鼻子声音重、流清鼻涕、打喷嚏、头重，这些都是寒湿重的表现，因此，可以用藿香正气水来治疗。我一般让患者自己熬一点生姜汤，具体方法是，切几片生姜，熬一碗水，开锅两三分钟即可，然后把藿香正气水兑人，一起喝。藿香正气水是祛湿解表的，对于体内有湿气、同时外表受寒的人有很好的效果。一般喝一天就该有效果，如果没有，那您就很可能是其他证型的感冒了。

假如开始的时候没有注意，痰开始变黄了、发烧了，情况就不一样了，这说明体内已经有热。这时候证型就复杂了，是有外寒、内热，加上湿气。

此时要用藿香、佩兰、薏苡仁等药物来祛湿；同时用双花、连翘、蒲公英、地丁来祛内热；再加上生姜、苏叶等药来祛外寒。总之，要分成三个方向来调治，这样才可以驱散邪气，让身体恢复阴阳平衡。

第四节　一朝寒气一身病

寒是万病之源，身体处于寒的状态，各种疾病就会接踵而至，轻则感冒，胃寒胃痛；重则手脚冰凉，脾肾阳虚，所以，中医说“一朝寒气一身病，一日不散十年痛”。

先从一个例子说起吧。

前几天，一位朋友突然来电话，叙述了自己母亲的病情，听完她的电话，当时我就紧张得出了一身汗。倒不是我大惊小怪，主要是这位朋友的胆子太大了，她从我的书里抄下了一个方子，直接就给自己的老母亲用上了，这能不让我紧张吗？情况是这样的——

她的老母亲，已经八十六岁了，突然心脏病发作，夜里尤其厉害，在当地请了很多医生，中西医都看遍了，却没有任何效果。医生们都劝她的家人，这么大的岁数了，没有多大的治疗价值了，回去准备后事吧！

家人都绝望了，但这个时候，孝心起了作用，这位朋友发誓不能放弃，当时她手里正好有我的书——《神医这样看病》，于是，她做了一件让我非常紧张的事。因为知道我非常忙，她怕打扰我，就拿着我的书反复地对照母亲的病情。因书里面写过张仲景的炙甘草汤（也叫复脉汤），这个方子专门治疗气阴两虚引起的“心动悸，脉结代”，其中包含了现代医学中的各种心律不齐等情况。她当时拿着这个方子，反复对照，最终认定自己的母亲就是这个问题，于是，就在北京给湖北老家打电话，让家人给母亲试着服用一下。

结果，服用一剂后，奇迹发生了，母亲居然立刻转危为安。连着服用了十四天，母亲基本恢复健康。

那我又为什么紧张呢?

原来,到了第十五天,她的母亲突然再次发病,夜里发作得非常厉害,大家惊恐不已。这个时候,她才打电话给我,并告诉了我前面发生的事情。

我当时就批评了她,不能这样处理,我在书里写的方子,只是提供一个思路,是我的经验,但每个患者的情况会有不同,请务必在当地医生的指导下使用。这次之所以幸运,也多亏她细心,判断得正确,如果换一个粗心的人,判断错了那就糟糕了,这样的事万万不能做。

她诉苦说,当地的各大医院都求遍了,中医也请了,实在是没有效果,医生都说放弃治疗了,没有办法啊。这也让我无言,其实老祖宗给我们留下了那么多的良方,只是大家没有都掌握啊。

她的老母亲在湖北老家,我只能通过她的转述来分析情况。她的老母亲发病,最大的特点,就是夜里发作得厉害。听了这点,我大致就清楚了。有的疾病虽然很复杂,但我们只要从阴阳两个方面去把握,就能清晰地抓住症结。

我们身体内的阴阳二气,在白天和晚上是有不同分工的,白天阳气用事,夜里,则是阴气用事。一个阳气虚的人,在白天的时候会好一些,因为白天自然界阳气旺盛,我们体内的阳气虽然弱,但是借助外界阳气的帮助(比如阳光),还能和体内阴气抗衡,暂时达到阴阳平衡。这个应该很容易理解,比如阳气不足的人,白天在太阳下一晒,也会觉得跟没病似的,因为阴阳暂时平衡了。但是到了夜里,自然界的阳气都收藏起来了,四周都变凉了,这个时候阳气不足的人,就很容易出问题。因为他体内的阳气很难与旺盛的阴气抗衡。

分析了这些情况,我就明白老太太一定是阳气不足,才会导致夜里心脏病发作。这个炙甘草汤是滋养心脏的方子,里面的药物有:炙甘草、阿胶、麦冬、生地、火麻仁、桂枝、人参、大枣、生姜、黄酒。其中阿胶、麦冬、生地等是滋阴的药;桂枝、人参、黄酒、生姜等是温阳的药,这是一个双向调节的方子,正因为如此,所以前十四天的调理使老太太的心脏恢复了。

那么，为什么第十五天又出现问题了呢？是什么影响了老太太的阳气呢？我想了想，莫非是天气的因素？于是让朋友打电话问家里，最近湖北的天气，是不是突然变化了？她打完电话后，非常吃惊地问我："您怎么知道啊？那天天气确实突然冷了。"

一个医者，治病的时候，要考虑的不仅仅是患者自身的情况，一定还要考虑更多的东西，除了从五运六气等方面考虑大的气候变化，更要注重当时、当地的气候情况。正因为当时湖北天气突然变冷，寒邪比较盛，侵袭到了老人的阳气，这样，她体内本来刚刚出现的阴阳平衡状态，又被打破了。于是才又出现心脏病发作的情况。

阳气一虚，体内的水湿就开始泛滥，这就像阴天时我们四周水气重一样。我们的心脏属火，火微弱了，水气就容易泛滥，蒙蔽心窍，心脏自然就出问题了。怎么办呢？我的方法非常简单，炙甘草汤滋阴和温阳的药物都有——把温阳药物的剂量加大就行了。

我告诉她，把方子里的桂枝变成十二克（原来是六克），人参变成十二克（原来是九克），加入茯苓十二克来祛湿。大家看看，张仲景的方子就是这么奇妙，它像一个跷跷板，调阴阳的药物都有，要想保持跷跷板的平衡，就看我们怎么巧妙使用了——阴气盛了，我们就增加温阳药的分量；如果是阳气盛了，我们就增加滋阴药的分量。

结果，这个方子服下去以后，老太太再次立刻转危为安。

在写这篇文章的时候，我特意打电话问这位朋友，老人家现在怎样了？她说从那次调理以后，老人家的情况一直很稳定。

她又说了一番话，让我非常感动。她说，自己的老父亲也八十多岁了，这次治疗让他感觉无比惊奇——距离那么远，居然如此准确有效。老人说自己年龄大了，不能来北京当面致谢了，但他说："一定要把罗先生的名字告诉我，我会永远记住这个名字的！"

这是让我最感动的一句话，我给朋友们帮忙，是不求任何回报的，我从来不收任何礼物；有的朋友大老远带来礼品，我都让他们带回去；有硬塞给我的，我都立刻送相应礼品，以求心安。对我来说，最好的回报，就是他们恢复健康后发自内心的感谢。就像这位老人，他说会记住我的名字，这让我无比感动，这就是最好的回报了。

除此之外，我觉得，是这位朋友的孝心感动了天地，才有此回报。在最危急的时候，能够力挽狂澜的，一定是我们心中最精纯的那颗孝心，世间没有比这个更能令天地动容的了。

精诚所至，金石为开，一个人只要抛弃了私欲，以赤诚之心面对天地，那么，这个世界上就没有克服不了的困难。做事是这样，养生更是这样，只要我们静下心来，认真体会身体的状态，就一定能弄清自己的阴阳寒热。

第五节　调阴阳的方法之一：寒则温之

前些天，我正在家里整理资料，突然有个兄弟打电话来，说自己闹肚子了，很严重，“泻得哗哗的”，问我该怎么办？

我是这些兄弟们的救火队员，一般有了问题，他们都会打电话给我，力求最快地解决问题。

一说闹肚子，一般我们都会考虑是不是吃坏了，这是一个惯性思维。当然，有的时候，我们吃坏了自己知道。比如，很多人在吃的时候，就觉得味道不对，但是硬吃下去了，结果闹肚子了。还有的时候，是不是吃坏了，自己也不知道，比如食物并没有腐败，别人吃了也没多大事儿，可是自己腹泻了。

我这位兄弟就是这样，自己分析了半天，也没找出原因。最后，还是决定服一些消炎药来解毒止泻。结果呢？无效。

其实，他说完后，我就分析出问题在哪里了。因为，这一个月，寒流不断地袭击北京，北京的气温一度下降到零下十几度，这是以前很少遇见的。我们的身体，平时阴阳是平衡的，但外界气候的变化会影响我们体内的阴阳，当外界天冷了，我们要多穿衣服，保护阳气，使阳气不被寒邪伤到，这在《黄帝内经》里面叫“闭藏”。只有把阳气“闭藏”好了，“无泄皮肤”，我们的阴阳才能保持平衡，才不至于生病。如果我们对阳气保护得不好，阳气被伤害到了，那么，阴阳失衡，疾病就出现了。

我在分析病情的时候，非常注重当时的天气，这是一个重要的因素，因为人是与天地相参的，四时阴阳的变化，哪有不影响我们人体的？这位兄弟，平时开车，老觉得坐在车里寒邪伤不到自己，穿得也不多。可您总有走路的时候吧，这个时候，寒邪就乘虚而入了。我分析他就是裤子穿单薄了，寒邪直接侵袭了脾肾，导致脾肾阳虚。脾肾阳气不足，无法温暖身体，就会腹泻。我告诉他去买一盒附子理中丸，先服用一丸，看看效果如何。

结果，第二天他就打来电话，说一丸下去，肚子立刻就感觉到了一股暖流，非常舒服，很快腹泻就止住了。

有人看到我开金银花、连翘、生石膏，就说我是清凉学派的；有人看到我开干姜、附子，就说我是温阳派的。其实，在我的心里，并没有学派之分，我只知道，我们身体里面有阴有阳，我们必须要调整阴阳平衡，阴盛用阳药，阳盛用阴药，这就是平衡之道。

对于寒邪的治疗，原则就是寒则温之。在这个领域，中医的火神派理论很有建树，附子理中丸就是很好的一个例子。这个附子理中丸，在所有的药店都可以买到，是个最常见的方子，虽然常见，我们却未必了解，也未必会用。

顾名思义，附子理中丸的主要成分是附子和干姜，中医说：附子非干姜不温。这两味药一个是干柴，一个是烈火，它们碰到一起，立刻就会熊熊燃烧。如果脾胃受凉，用附子理中丸的热火一烤，寒邪很快就会消失。

人很容易受寒，在凉水里嬉耍，腿部着凉了，下肢就容易受寒；喝了很多的冷饮，自个儿把寒邪灌进了身体，肚子就会受寒疼痛；穿得太少被冷风吹到，胃脘就容易受寒。

人被寒邪伤到脾胃以后，一般都会肚子痛或者胃痛，同时还会出现上吐下泻的情况。这个泻大家要注意了，很容易和热泻混淆，中医教程一般说热泻的大便是黄褐色的，冷泻是泻下青白，但在临床中这不是绝对的，很多冷泻的患者泻下的也是黄褐，一定要看发病的诱因是什么。

对于这种脾胃受寒的情况，我常用附子理中丸，一般只服一丸，病症立刻就会缓解，最多两丸。如果没有效果，那就不是这个问题，后面就不用吃了。如果是寒邪为患，一般两丸一定见效。那么，一定会有人问，附子究竟是味什么样的药呢？

附子是中药里面热性最大的药物。一提起附子，我总是想起上学时，讲伤寒的郝万山老师讲过的一个故事，他说自己做学生的时候，跟老师上山采药，在最背阴的山沟里，找到一种植物。他想，这是什么植物呢，生长在这么阴冷的环境里？一问，原来是附子，它虽然大热，生长的环境却总是最阴冷的背阴面，郝万山老师很抒情地赞叹：附子啊，附子，你就是在这么寒冷的环境里，锻炼出了最能抵抗寒冷的能力啊！

由于附子的热性大，所以它是火神派最重要的武器之一，它不仅能驱散脾胃之寒，而且温补肾阳的能力也非常强。但有一点值得注意——附子含乌头碱，有毒，具心脏毒性，但煎煮一个小时以后，乌头碱就会被破坏。因此，如果方子里面有附子，就需要先煎四十分钟，再下人其他的药物，这样就安全了。

中成药附子理中丸中的附子是经过处理的，大家可以放心服用，只是孕妇一定要在医生的指导下服用。

第六节 调阴阳的方法之二：热则寒之

一个人感觉不舒服时，常常会想：“我是不是受寒了？”“我是不是受热了？”这非常有道理。体内有了寒，会生病；同样，体内有了热，也会生病。体内有了寒，调理的方法就是寒则温之；体内有了热，调理的方法就是热则寒之。其实，中医的道理就这样简单。下面，我就以鼻炎为例来做说明。

鼻炎虽不是大病，但却有四大讨厌之处。第一就是头昏，小孩子有了鼻炎，整天头脑昏沉沉的，会影响上课听讲；第二是鼻涕声大，如果旁边刚好有吃饭的人，闻声立呕；第三是费纸，刚买的卫生纸，二十多元十卷的，转眼就没了，家人直纳闷，怎么用得这么快？第四是打喷嚏，早晨起来，先来它二三十个喷嚏，搞得邻居本来不想起床的，都从梦中惊醒。所以，患鼻炎很苦恼。到医院治疗吧，偏偏这个病中西医都不擅长。有些人治疗很久，花了很多钱，结果效果却不明显。

那么，鼻炎到底是怎么回事儿呢？

原来，鼻炎起初大部分都是寒邪导致的，时间长了，它就会人里化热，所以，鼻炎有两种情况：一为寒；一为热。有意思的是，有时寒邪在体内停留很久，也不化热，这种邪气与人体正气共存的情况，往往是因为人体正气不足，不能驱邪外出，结果就跟大金国和南宋似的，两边共存上了。等到天气一凉，坏了，本来正气和外邪还能平衡，此时开始倾斜了，正气往往抵御不了外寒，于是鼻涕横流，喷嚏不断。

举个例子来说明吧。

一天，有位老朋友打完电话直接就开车来到我家。这位朋友是学医的，搞影像学检查，自己经营着一家很大的公司，是一位成功人士。

等到了我家，我才知道他为什么这么着急，因为他的鼻音很重。他说自己每到秋天就开始犯病，鼻炎很严重，喷嚏、鼻涕都不断，眼睛鼻子过敏，去协和查过敏原，胳膊上划得一条条的，查出对很多东西过敏。

西医的理论是，你对什么过敏，避免遇到这个东西就好了，比如对花生过敏，就不要碰它。对此，我国著名中医专家王琦教授对我说："有的女性对精子过敏，造成不孕，难道要把丈夫扔掉吗？"

中医的理论是，你可能对很多东西过敏，但我认为这是你体内的阴阳失调了，如果我给你调整过来，你就对那些东西不过敏了。

诊断完毕，这位朋友就问我，该怎么治疗呢？

我说，不用开方子了，我送你一本我写的书吧。

于是，我就送了他一本《神医这样看病》，然后，在写着黄元御的桔梗元参汤那页夹了一张书签，告诉他，就是这个方子，回去买五副。

黄元御是清代的高人，乾隆皇帝的御医，他认为鼻炎是身体阴阳失调造成的气机升降失调。这个桔梗元参汤的方子是：桔梗九克、元参九克、杏仁九克、橘皮九克、法半夏九克、茯苓九克、甘草六克、生姜九克，可以升降气机，祛除寒邪。专门治疗鼻涕清那种类型的鼻炎。

如果鼻涕是黄的，他的方子就换成了五味石膏汤：五味子三克、生石膏九克、杏仁九克、法半夏九克、元参九克、茯苓九克、桔梗九克、生姜九克。里面加了点清热的药。

那么，这两个方子有什么区别呢？

黄元御的方子非常注重气机的升降，这两个方子都是升降气机的，其中茯苓祛湿，助脾气生发；半夏助胆胃之降；杏仁降肺气；甘草守中。这是黄元御的基本思路，他认为人体气机升降会形成一个圆圈（关于这个圆圈的叙述，我们会在第八章详细分析）。

如果鼻炎患者流出的鼻涕是清的，这说明他体内处在寒的状态，也就是阳气不足，阴阳失衡，阳气的一方无力支撑了。所以，黄元御就用了橘皮，橘皮是辛温的，可以向外清透寒邪，寒邪出去了，我们的阳气自然就可以恢复了。

如果鼻涕是黄色的，这说明体内有热，也就是阳气太足了，使阴液受到了伤害，阴的一方无力支撑了。所以，黄元御就用了生石膏，生石膏是一味凉药，可以把热邪透发出去，这样，我们体内的阴阳就又获得了平衡，重新回到了健康的状态。这就是热则寒之。

很多读过黄元御的书的人，照着这两个方子自己服药，多年治疗无效的鼻炎立刻就减轻大半，甚至痊愈。这说明，古人经过了很多临床总结，早就为我们积累了好多方法。

那么，我的这个朋友后来怎样了呢？

前两天，他给我来了电话，说吃了四副药以后，喷嚏消失了，鼻涕不见了，过敏的情况没有了。问我接下来怎么办？

我说，再买几副巩固一下。

在写这篇文章之前，我特意给他打了一个电话，问他服药以后的感觉，他说基本没问题了，喷嚏、鼻涕、鼻子的声音都正常了，这个鼻炎已经好了，也不用再躲避什么过敏物体了。

我之所以敢公布这个方子，是因为里面的药物，除了半夏，剩下的多为药食同源之物，很安全，有鼻炎的人可以在医生的指导下尝试一下。注意孕妇不要服用。一般服用三副就该见效，如果没有任何效果，就不要服用了，那说明不对症。如果见效了，服用六副就差不多了。

第七节　中医的最大秘密：藐视敌人，强大自己

很多朋友问，中医对“甲流”有什么办法吗？

其实，这涉及一个中医如何处理瘟疫的问题。

我们以清朝温病学家王孟英为例来说吧，他特别擅长治疗疟疾。疟疾是由一种叫疟原虫的微生物引起的瘟疫，古代中医对此办法不多，康熙皇帝患了疟疾，御医们毫无办法，最后还是传教士用秘鲁的草药金鸡纳霜给治好的。

可是，王孟英治疗疟疾却手到病除，成为了中医里面的一个特例。王孟英自己说过，“四十年来，治疟无难愈之证”。

我们来举个例子，有一位张先生患了疟疾，他的症状是：寒少热多，每间隔两天发作一次，发作两次后人就消瘦了下来。

张先生觉得有些不对头，就赶快托人把王孟英请到了家里。

王孟英来了后，一诊脉，也皱起了眉头，说：“您的脉是弦细脉，而且脉搏跳得比较快，这是体内有热啊。你的病都在什么时间发作？”

张先生急忙回答：“都在子夜发作。”

王孟英：“还有什么症状吗？我看你的嘴唇有些干啊。”

张先生突然想起来了：“是啊，就是嘴特别干，总想喝水！”

王孟英点点头：“明白了，你这是足少阴热疟啊，疟邪已经侵入了肾经，所以只发作了两次人就突然消瘦了，千万不要轻视这个病啊！”

张先生顿感事态严重，忙点头：“我也知道来者不善，所以才急着找您啊，您赶快看看该怎么办啊？”

王孟英：“我这里有对症的药物，但是有个条件，您答应了，我才给

您开方子。”

张先生很奇怪，心想这位还挺怪啊，开方子还讲条件？急忙回答：“您说吧，什么条件？我一定答应。”

王孟英说：“我这方子您直接服用就可以了，千万别再找其他的医生商量。”

张先生很纳闷，忍不住问：“为什么呢？”

王孟英笑了：“他们看我这个方子简单，一定说这方子不是治疗疟疾的啊。也一定会给你乱加上些所谓的抗疟疾的药物，那这个方子就乱了。所以，您就只管自己服用吧，别告诉别人，好吗？”

这位张先生早就知道王孟英是高手了，于是欣然同意。

王孟英就开了药方：元参、生地、知母、丹皮、地骨皮、天冬、龟板、茯苓、石斛、桑叶。里面的几味药主要是用来清热、滋阴的，没有一味药是所谓的抗疟疾的药。

喝完一副药以后，张先生就开始等着疟疾发作，可是左等右等疟疾它也没发作，怎么回事儿呢？文献记载“一剂疟即止”，也就是说，只服用了一次药，这个疟疾就好了。然后王孟英又开了点滋阴的药物善后，这个病就算痊愈了。

大家也很吃惊吧，这药只服用了一次，病就好了。

王孟英治疗疟疾有个特点，就是他只根据患者每个人的身体状况来开方子，每个人的方子都不相同，但是传统用来治疗疟疾的药物，什么常山、青蒿、柴胡等药，他几乎不用。

原来，这里面竟然隐藏着中医养生治病的一大秘密！

要搞清楚这个秘密，我们首先要回答三个问题，第一：王孟英是否看到了疟疾的病原体疟原虫？

回答是：没有。

虽然我们古代中医一直想弄明白，这个疟疾到底是什么引起的，但因为那个时候没有显微镜，中医始终不知道是什么引起的疟疾。疟原虫的发现是在王孟英去世以后，在1880年由一个法国医生发现的，他也因此获得了诺贝尔奖。

第二：王孟英是否知道疟疾是由外来的因素引起的？

答案是肯定的，王孟英一定知道疟疾是外来的因素引起的。中医虽然没有找到真正的原因，但古人一直都知道这是外来的因素，比如明代的医学家张景岳就提出了“疟邪”是疟疾的病因。

那么第三个问题就来了：既然没有看到疟原虫，仅仅知道这是外来的致病因素，在这种模糊的情况下，我们的中医是怎么治疗这种疾病的？

回答是：我们的古人聪明，虽然没有显微镜，也看不到疟原虫，但正因为我们看不到它，才逼得我们不去管病原体，而是更重视病原体作用的对象：人体。

也就是说，病原体和人体这两头，我们主抓一头。

中医认为，人体的自我修复能力是很强的，驱除病邪的能力也很强，身体之所以自己不再起作用，是它出了问题，是有什么东西阻碍了我们身体的运转，只要把这个东西给拿掉，把这个问题给调整好了，那么身体就能依靠自己的力量把病邪驱除出去。

就像王孟英在治疗疟疾时使用的方法，他并不直接使用抗疟疾的药物，而是分析患病的这个人，他看到你阴虚，就给你滋阴；看到你有淤血，就给你化淤；看到你阳气不足，就给你补阳；看到你水湿重，就把你的水湿泄出去，总之是着重调理你自身。等身体运行正常了，自身的抵抗能力上来了，你自己就能够把外邪抗击出去了。

或者说，中医是看病邪在你的身体上引起了什么反应，如果引起了热证，那我们就帮你把这个热给去掉，保持你的寒热平衡，然后让你的防御系统能够正常运转；如果引起了寒证，那我们就用热药帮助你的身体亢奋起来，组织抵抗寒邪。

就像前面讲的张先生，王孟英根本就没有管它什么疟疾，只是看到这个人阴虚有热，就给他滋阴，同时清热，也就是说，在王孟英的眼里，他看到的是阴阳，他不知道外界的邪气是什么，只管调理患者体内的阴阳（具体落实在寒热之上）。等阴阳平衡了，他的身体自己就把这个疟疾给抗击出去了。

打个比方，就好比你的军队面临外敌，中医并不是直接派兵去帮你消灭外敌，而是看你自己的部队有什么问题，给养不够就补充给养，武器不够就补充武器，然后让你依靠自己的部队去和敌人作战，消灭敌人。

这是一个以人为本的原则，不管病邪如何千变万化，最后你总要作用到人的身上，所以我只看你在人体引起什么变化，我调整这个变化，让人体摆脱你的影响，自己恢复抵抗能力，这就是中医的一大秘密。明白了这个秘密，中医就不再神秘了，其实，就是这么简单，中医更相信的是人自身的能力，所以，《黄帝内经》才说了那句著名的话，“正气存内，邪不可干”。

不难看出，中医和西医是从两个角度来对待疾病的，西医选择的角度是外在的病原体；中医选择的角度是内在的身体。角度决定深度，从中医的角度来看，我们可以把疟疾作为一个代名词，实际上，换成任何一种我们不了解的陌生传染病，其思路都是一样的。

在抗击“非典”的过程中，钟南山院士采用的大剂量激素的方法，其实也是用激素来提高人体的运转能力，激素并不能杀灭病毒，最终杀灭病毒的，是人体自己。

总之，西医看病是杀灭病毒，中医看病是调理阴阳，阴阳一调理百病消，所以，中医最适合用来养生。

问答：

剑胆问：

罗博士好，看你的文章觉得很温馨很感动，更有收获！以前自己就分不清风热感冒和风寒感冒，更别说寒湿感冒和湿热感冒了。我非常认同博士关于感冒一般都是外寒和内热共存的观点，最近一次比较重的感冒就是按博士的思路自己调理好的！谢谢！

想问一个问题，我一吃硬一点的东西，胃里就感觉不消化，像有什么搁在那了，胀气、肋下窜痛，能试着吃点附子理中丸不？

罗博士答：

这种情况应该是食积不化，一般是中气不足引起的运化无力，你可以做饭时刻意将锅底的饭烧焦，然后冲水喝；也可以去药店买些焦三仙，焦三仙由焦山楂、焦麦芽和焦神曲组成，其中，焦山楂消肉食之积；焦麦芽消谷食之积；焦神曲消米面之积。还可以用莱菔子，也就是萝卜籽，它具有下气导滞的作用。如果是孩子，可以用炒鸡内金，鸡内金具有很强的消积化淤的作用。我觉得附子理中丸似乎不大对症。

珠海林问：

想问您一个问题，去年夏天，有一天晚上下雨，我没盖被子，第二天肩膀就很痛，后来只要天气稍微一凉肩膀就很痛。我应该怎样彻底祛除体内的寒气呢？我听父母说，肩膀一凉就是一辈子的事情呢。罗叔叔，您有办法吗？

罗博士答：

朋友，这应该不仅仅是寒气，还有湿气进入了体内，一定要用药把寒湿清除出去，这样才稳妥。清除寒湿的方子一般的中医师都会用，你可以就近求访。我还有个方法，就是用中药泡脚，比如，用透骨草三十克、伸筋草三十克、苍术二十克、桂枝十克、生姜十克熬水，泡脚四十分钟，每天坚持，并配合当地医生开的药物，可以很好地驱除寒湿。

1349040302 问：

罗医生，您好，我今年六十岁，近一年来左腹肚脐左六寸处感到不适，但是不疼，用热水袋敷过感觉会好一些，大便正常，请教一下这是怎么回事？

罗博士答：

您好，如果用热水袋热敷以后缓解，这说明您体内有寒或者是淤血，具体的情况我还没有办法分析，建议找当地的医生看看，是否有淤血的指征，比如舌脉方面，如果有，就要化淤。如果是有寒，则容易一些，温补脾经就可以了。

第三章
只有阴阳平衡，气血才会通畅

阴阳在人体上主要表现为两个方面：一是寒热，一是气血。寒为阴，热为阳；血为阴，气为阳。一个人只有阴阳平衡了，寒热才能平衡，气血才会通畅。所以，阴阳一调百病消。

第一节 气血像夫妻，和睦是根本

阴阳在人体上主要表现为两个方面：一是寒热，一是气血。寒为阴，热为阳；血为阴，气为阳。一个人只有阴阳平衡了，寒热才能平衡，气血才会通畅。所以，阴阳一调百病消。

气是什么？

气就是生命中最根本的东西，每个人活的都是一口气。人有没有生病，我们看他的气色就知道，气色就是身体内的气血在外面的表现。中医有望诊之说。望诊望的是什么呢？望的就是气色。气就是身体内的气在体表的显现；色就是身体内的血在体表的显现。如果一个人的气快散了，这就说明他的生命快结束了。中医说："盖人之生死，全由乎气，气聚则生，气散则死。"一天，我遇到了一位道行很深的针灸师，他告诉我说，看一个人有没有救，只要一针下去就清楚了，我连忙请教，他说："一个人的生命状态稳定，扎下去的针，就很紧，人如果快不行了，扎下去的针就像扎在了豆腐上，松松垮垮的，这说明他体内的气快散了，聚不到一起了。"故而《难经》说："气者，人之根本也。"

人体中的气，《内经》称为"人气"，它由三部分组成，一是先天之气。这种气主要来自父母的生殖之精，又称精气，它是一身之气的根本，相当于股票市场上的原始股。

二是水谷之气。这种气主要来源于食物。人吃的各种食物里都含有气的能量，比如一颗红色的苹果，你看见的红色果皮，那就是太阳能量的转化；比如一个地瓜，那黄土一样的颜色，那正是大地之气的转化……中医看待药物讲究一个性味归经，其实食物也一样。什么是食物的性？那就是食物的气。它分为四种，又叫四气，即寒、热、温、凉。人吃进这些含有四气的食物之后，就会在脾胃这个大熔炉中将食物中的气转化为人体中的气，由于这些气都来自于饮食水谷，所以又称为“谷气”。先天的精气，只是开始投入了一点点，后面便不再投人了，所以，我常用股票投资中的原始股来比喻，这个原始股虽然只有一点点，却有巨大的增值空间，大家可以想一想，就那么一点生殖之精，最后却可以长成那么大一个人。谷气与先天的精气不一样，谷气可以源源不断，我常将它比作增发股。你们看，一些股票为什么会长得那么高，就是因为它在不断地融资增发。一个人如果没有源源不断的谷气，他很快就会死亡；一些公司如果没有资本接二连三的增发，它就会倒闭。

还有一种气来自于自然之清气，要靠肺的呼吸功能和肾的纳气功能才能吸人人体内。清气随呼吸运动而进人人身，不可间断，《黄帝内经》说：“夫人生于地，悬命于天，天地合气，命之日人。”秉承了精气之后，一个生命诞生了，但这个生命能不能长大成人呢？这就要靠天气和地气了，人从五谷中吸收地气，从自然中吸收天气，只有天地之气在人体内和谐统一了，生命才能成长。那为什么说悬命于天呢？大家可以想一想，一个人不吃地上的五谷，可以活上十天半月，但是不呼吸天上的空气恐怕连十分钟都活不了。这就是命悬于天了。

血是什么？

如果说气是生命的根本，那么，血就是这个根本的依托。中医说：“气为血之帅，血为气之母”。气属阳，主动，主煦之；血属阴，主静，主濡之。气与血就像一对恩爱的夫妻，他们彼此不同，却又相互依赖，共同生活在身体这个大家庭里。气作为丈夫，他决定着整个家庭的方向，他就像阳光一样给全家提供温暖和支撑；风雨交加的夜晚，他又会挺身而出，为妻子和儿子遮风挡雨。血作为妻子，她就像月亮一样脉脉含情，她温柔贤惠，无怨无悔地滋润着这个家；当丈夫遇到麻烦之时，她又会毫无条件地去帮助。所以，气离不开血，血也离不开气。气能生血、行血、摄血；血能生气、养气、载气。

一个好的家庭，夫妻和睦是根本，一个好的身体，气血平衡是前提。如果夫妻不和睦了，两者同床异梦了，那么整个家庭就会麻烦不断；如果气血不平衡了，气虚或者是血虚，那么各种疾病就会随之而来，《黄帝内经》说：“气血失和，百病乃变化而生。”

第二节　气虚阳不足

气血像夫妻，气为阳，是丈夫；血为阴，是妻子。气虚是什么呢？气虚就好比一个家庭里，作为一家之主的丈夫太懦弱了。我们可以设想，作为一家之主的丈夫懦弱无能，这个家会成个什么样。首先，这个家的经济来源会出现问题，家庭成员的温饱得不到保证，一家人只能在低水平的生活中生存；其次，由于丈夫太懦弱无能，家庭很容易受到别人的欺侮。丈夫懦弱，家庭会如此，那么气虚之后，一个人的身体又会怎么样呢？首先，他的脏腑功能会低下，精神委顿、倦怠乏力、少气懒言，动不动就会出虚汗。其次，就是抗病能力减弱，什么微小的病毒都可以欺负它，一阵寒风吹来，别人都安然无恙，但气虚之人却可能大病一场。

其实，气出现的问题，还有气陷、气滞、气逆等情况，但气虚是其中最主要的问题，所以我们主要说说气虚。那么，气虚的人都有哪些表现呢？

气虚的人，第一个表现就是少气懒言、神疲乏力。这是一种懒言懒语的状态，多一句话都不愿意说，这不是性格的问题，是自己总觉得没有多余的力气，总是提不起劲儿来做任何事儿。

第二个表现是头晕目眩，动辄自汗。这种人不动弹的时候是没有力气，动弹起来，就会出现一些力不从心的表现，比如头晕，《黄帝内经》说："上气不足，脑为之不满，耳为之苦鸣，头为之倾，目为之眩。"就是说，如果气虚的话，人就会出现头晕目眩和耳鸣的情况，甚至连抬头的力气都不足。

同时，气虚的人因为体内的水湿无法运化，造成水湿停滞，这种人往往会出现浮肿，早晨脸浮肿，晚上下肢肿，有的人舌头两侧会出现齿痕，原因就是水湿使得舌体肿大，被两侧的牙齿压迫导致的。另外，他们的舌头上也会出现很多的水液，看上去总是湿漉漉的。

气虚的人，因为体表的保护力不足，中医叫卫气不足，所以总是会感冒，一阵风吹来，别人没有问题，可这气虚的人就感冒了。

因为气属阳，气虚则阳不足，所以气虚的人往往容易感觉冷，这叫畏寒，这种情况是穿上衣服就暖和，但少穿一点，就觉得冷。

那么，气虚该怎么调理呢？

我给大家讲个食疗调理孩子气虚的医案。一天有位家长找到我，说自己的孩子已经咳嗽两个月了，让我救救她的孩子。有时候，家长的言辞会让我觉得事情特别严重，他们经常用“救救孩子”、“救孩子一命吧”这样的话，等我见到了孩子，才发现没有那么大的病。这个孩子也是，我见到他时，觉得孩子并没家长说的那么严重。

这是一个六七岁的小男孩，精神头儿特别足，我感觉他一刻都闲不下来，一会儿跑前，一会儿跑后，我和家长说话，一转身，他就不知道跑到哪里去了。这中间他会不断地咳嗽几声，虽然不是很频繁，但也一直没断。

我赶忙了解孩子起病的原因，原来是两个月前感冒了一次，从此咳嗽就没断过。经过分析，我判断这个孩子属于脾肺气虚。

可能有人会问：“气虚的人，不是应该四肢无力，动辄气喘，少气懒言吗？这个孩子东跑西跳的，难道也是气虚？”

其实是这样，我在观察很多孩子以后发现，给小孩子诊断需做特殊考虑，因为他们生性好动，一般的气虚，在他们身上表现得不明显；如果孩子真的蔫了，那一般是暴病或者真的是虚弱已久。一般的孩子，只要没那么严重，都还是活蹦乱跳的，所以，不能以此来判断小孩子就没有气虚。

小孩子的气虚，除了从舌诊、脉诊方面来判断外，还要从脸色来判断，一般脾气虚的孩子，往往面色晦暗，呈现不正常的黄色，俗话说：“天黄有雨，人黄有病。”如果是肺气虚，则面色㿠白，这都是辅助的判断方法。

当时我确认这个孩子邪气早就没有了，是脾肺气虚，无法收摄肺气，才导致咳嗽不断，于是，就给他开了一个食疗的方子：山药二两、杏仁二钱。

就这么一个食疗的方子，非常简单，两味药都是药食同源之品，其中山药色白入肺，味甘入脾，正是补气的佳品。为什么会用杏仁呢？因为山药可以收摄大便，如果大便本来比较干的话，会导致便秘，用杏仁一方面可以降肺止咳，另一方面可以通畅大便。

我一贯的观点是给孩子调理的时候，尽量不用药性猛烈的药物，能用药食同源之品，就用药食同源之品；药味能少就尽量少，这样就不会伤着孩子。

这个小方子是熬水喝的，放入一点糖，味道还不错。

为什么我会这么使用山药呢？那是因为我看过民国名医张锡纯使用山药的一个故事，印象非常深刻——

张锡纯曾经给一位妇女治病，这个妇女生完孩子十几天后，开始大喘大汗，身上发热，同时咳嗽，家人很着急，因为产妇本来身体就虚了，再这么折腾，哪受得了啊？

于是家人赶快请来了医生，医生一看，刚生完孩子啊，得，这是虚的啊，于是就开了黄芪、熟地、白芍等补气血之药。结果，汗越出越多。

这个时候，有人把张锡纯给请来了，张锡纯来了一诊断，好嘛，这脉搏跳动得非常快，身体非常弱，没错，这就是脾肺气虚。张锡纯认为，如果从脉证来看，这个人似乎没法儿抢救了（“似在不治”）。

怎么办呢？他马上让患者家属买了山药，每天用六两，大约是二百克，熬水，慢慢地喝，喝完以后，添水再熬，总之，他要求产妇每天就喝这个山药水。

大家当时都将信将疑，觉得黄芪、熟地、白芍这些补气血之药都不行，就这么个山药，能行吗？

可是也没有别的办法，那就试试吧！

结果是：“三日后诸病皆愈”，就三天，这么严重的一个病就全好了。

为什么会有这么好的效果呢？张锡纯的论述是，山药补肺、补脾，不但可以补足正气，还可以止咳，力道不可小视。

有的时候，这些中医大师用药，往往是用一些最平常的药物，甚至就是药食同源之品，仅仅用那么一两味，效果却非常好。我总是想，这就像武侠小说里面写的——真正的高手，他顺手拿起一枝树枝，都能把它变成最锋利的武器。

我看的古代医案多，在分析眼前病情的时候，往往会在脑海中搜寻与此相似的古代医案，然后看看是否能够借鉴，这次我也灵活应用，想出了这么一个山药加杏仁的办法。

结果，孩子服用两天后，家长打来电话，说已经不怎么咳嗽了，到了第三天，这个孩子持续了两个月的咳嗽，就此消失了。这说明，孩子的脾肺之气已经补足了。

其实，只要我们真的掌握了气和血的规律，这种情况自己就可以调理。掌握了气血阴阳的规律，每个人都能掌握自己的健康。

第三节 血虚阴不足

我们说过，气和血的关系就像一对夫妻，是紧密联系在一起的。气就像丈夫，主温煦，他很活跃、主动，在他的带动下，家庭才能充满活力；而血就像是妻子，她为我们的身体提供源源不断的物质基础，但她主静，属阴，在气的带动下，她可以濡养我们的全身。

这两者的关系非常密切，如果没有了血，气无所依托，就飞散消失了；同样，如果没有气，血就无法行动，也就没有了任何作用。

那么，血虚会出现哪些问题呢？

大家知道，血液是濡养四肢百骸的，我们身体所有的器官，都需要血液带来的营养，如果血液不足了，全身的各个部位都会出现问题。

假如我们的心血虚，就会出现心悸、怔忡等情况。因为心藏神，要靠血来养，心血不足，关于“思考”的整个系统都会出现问题——记忆力会变差，思考时会觉得累，晚上梦多，总是烦躁，这都是血不养心造成的问题。

如果肝血亏，那么问题也很大。因为肝藏血，中医认为肝为刚脏，属木，需要濡润，如果血液不足，那就如同一棵树没有浇水，没有水叶就会枯萎，肝缺少血，人就容易发火，会觉得头昏脑涨、目赤肿痛；同时，因为肝开窍于目，目得肝血的濡养才能看清东西，如果肝血虚，视力就会模糊，眼睛容易疲劳，总觉得干燥。

如果肺的血不足了，也会出现很多问题。肺中的血如果亏虚，则会出现胸闷、气短、呼吸不利，甚至会导致心悸、胸中憋痛，很多老人心脏出现的问题，其实都和肺血不足密切相关。如果我们对此不加注意，见到心脏病就一味地活血化淤，往往会导致病情缠绵反复，越来越重。因为本来血不足已无血可通，还通什么呢？就如同河道里面没有水，我们还要不断地挖掘拓宽，这不仅无用，反而还会伤及无辜，正确的做法应该是补血，让河道里的水充足起来。

值得一提的是，因为女性有特殊的生理特点，有经、带、孕、产等生理阶段，而这些事情都会引起阴血的消耗与损伤，所以，女子身体血虚的情况尤其明显，血虚所带来的问题，也比男子要突出很多。

有人说，男子靠气来养，精气足，则身体健康；女子靠血来养，阴血足，则身体健康。这样的说法，确实有一定的道理，因为血虚的确会给女性的身体带来很大的问题。

那么，血虚该怎么调理呢？

下面我给大家讲一个调理血虚的例子。

我在老家的时候，有一次去电视台，办公室里的编辑们都让我给诊脉，大家站成排等着。他们开玩笑，说这是一个程序，直到我给每个人都诊完脉才肯罢休。

正在诊脉时，一位女主持人进来了，她非常优秀，主持过很多大型的综艺节目，大家说她是一棵常青树，出道虽然很久了，却一直保持青春阳光的形象。

她也要求诊脉，诊得的结果是脉象细弱。我当时很奇怪，根据脉象，她应该是血虚，这种人会明显感觉精力不足，但我看她每次都能出色地完成任务，主持得很精彩，似乎不应该血虚啊！

于是，我就进一步问她，是否睡眠时多梦？记忆力是否不好？出乎我的意料，她居然回答："是的，每天都有很多梦，记忆力也非常不好。"

这让我大吃一惊，我问她："你工作那么出色，看不出来有这些问题啊。"

她这才大倒苦水，原来，她都是在加倍努力后才完成工作的，现在她觉得自己的记忆力很不好。要知道，一台大型的晚会节目，是很考验主持人背台词的功力的。

我于是就解释，她的脉象是血虚，一个人如果血虚，就会出现血不养心的情况，就会睡眠不好，多梦，同时记忆力会出现问题，还会出现心悸；因为心血不足，血液不足以上供，所以，人还会感到头晕。

她听了忙点头，并且告诉我，她刚刚做过体检，西医已经警告她贫血了，她正不知道如何处理呢。

一般中医所说的血虚，西医往往是检测不出来的，因为中医的诊断指征，总是出现在西医指标变化之前。在身体刚刚出现问题的时候，中医就能诊断出来，但这时西医的指标可能还没有什么改变，等到西医的检查结果已经改变了，在中医看来，这个人的失调可能已经很严重了。

这位主持人，显然血虚已经很严重了，因为她平时化妆，所以从脸色上似乎看不出什么，但据她自己说，一旦卸了妆，肤色就显得苍白了。

遇见这种情况，我是最没有办法的，因为女士们一旦化起妆来，确实是可以改变整个面貌的。有的时候，我会特意问："您今天化妆了吗？平时脸色也是这么红润吗？"告诉大家一个经验，在去看中医之前，一定不要化妆，否则医生看到的有可能是假象，这样会耽误自己的。

分析结束以后，她就非常焦急地问我，该怎么办呢？

我给她开了一个食疗的方——阿胶山楂汁，配方是：阿胶九克、生黄芪三克、当归三克、山楂六克。

这个方子的用法是：后三味先熬水，大约熬十五分钟即可，然后把药渣除去，把阿胶捣碎，放人这个药汁中，烊化。

这是每日的服用量，用的时候可以放人一点白糖来调整味道。方子里面的阿胶是滋阴养血最主要的药；当归是养血活血的，因为血是流动的，如果一味呆补，不符合血液的特性；方子里面的生黄芪，是用来补气的，中医认为阴阳是互生的，气血也是这个关系，所以在补血的同时，加入一点补气的药物，可以更好地生血；而方子里面的山楂，是为了防止阿胶滞腻影响脾胃吸收的，同时山楂也有开胃活血的作用，可以促进血液之化生。

这个小方子，量不大，一般以半个月为一个阶段，对于养血确实非常有效。当时我把这个方子给她以后，忘了告诉她服用多久。直到有一天，大约过去了两个月吧，我在家里看电视，正好是她主持的节目，我一看到她，突然想起了这件事儿。当时，我手头没有她的电话，于是，赶紧打电话给电视台的朋友，要了她的电话，问她服用了多久。

她告诉我，一直服用来着。现在已经不再贫血了，身体有了很大的改观，记忆力获得了改善，面色也好多了，所以还打算服用下去。

我忽然明白她为什么能够事业成功了，说实话，我给很多女士开过养血的方子，但多数人是坚持不下来的，这位主持人显然是一个很有毅力的人。

不过当时我还是手心出汗了，发誓以后再不忘记嘱咐服用药物的时间，多亏这位调好了。我告诉她，如果身体基本正常了，以后就服用一些阿胶口服液等保健品就可以了。

后来，我离开了老家，定居在了北京，在写这部分内容的时候，突然想起来，很久没有看到家乡的电视节目了，不知道她现在是否还在主持。

第四节 人有淤血怪病多

前些日子，北京发生了一件事情，引起了轩然大波。事情发生在东五环路，本来上面的应急车道，是非常情况下救急用的，绝不允许一般车辆行驶。但我们中国人开车有个特点，就是不遵守纪律，有缝就钻，所以大家各逞其能，直到把整个路都塞满了。

就在这个时候，前方出事儿了。在五方桥附近，一辆大货车冲过隔离带，把另外三辆小客车给撞了，小客车里面好多人都受伤了。救护车飞奔而来，要抢救这些受伤人员，要知道，此时是一刻值千金啊，因为被挤压在车里面的伤员还在流血。但应急车道被其他车辆堵着，救护车是干着急啊。

最后，当晚来的救护车终于赶到事发地点的时候，已经错过了最佳抢救时机，造成了七死一伤的惨剧。

我为什么要讲这个事儿呢？因为，我们体内的淤血，就像是那些不守规则的车辆一样，会阻塞我们经脉的运行。

大家要知道，身体有着很强的自我愈合能力，一般情况下，如果哪里出现了问题，比如有外邪侵入了，身体就会有所反应，它会调集自己的修复部队，及时赶到那里和外邪斗争，修复自己的身体。这种自愈能力是和大自然一起演化而来的，非常强大。

可是，有时候，我们的修复部队无法到达指定的位置，无法进行修复，这就像那场交通事故里的救护车一样，被堵在路上，无法及时工作。到底是什么阻碍了它们的运行呢？原因有几种，其中最重要的不外乎痰、湿和淤血。今天，我们就谈谈淤血。

血液不能正常流布，却病理性地停留在经脉之中，就变成了淤血。我们可以用高速公路来作比喻，有的淤血在经脉里面，就像在路面上不走的车辆，包括那些占领了应急车道的车辆，它们的危害最大。有它们存在，我们的气血运行就会严重受阻。还有一些淤血在经脉之外，这就好比被撞出了高速公路的车辆，虽然对运输的影响不大，但它们可能随时着火，而且这些淤血会造成诸如疼痛之类的问题，也是一些麻烦制造者。

所以，要想保持健康，使身体的修复部队能够及时到达需要的部位，就一定要祛除淤血，保持气血通畅。

那么，这个淤血是怎么产生的呢？

有这样几个因素可以造成淤血。

第一，受伤导致的淤血。跌打损伤之后，受伤的地方青一块、紫一块的，这就是淤血。

第二，气滞导致的淤血。血液运行靠气来推动，如果气不推动了，血液就不再流动，那这个人就完了，没法儿生存了。很多时候，气确实会消极怠工，比如我们生气了，气郁结在了那里，造成了气滞，这个时候它推动血的力量就会减弱，血液流动性差了，也就导致了淤血。这种情况叫“气滞血淤”。很多人觉得生气不过是一时的事儿，是功能性的，气过了也就没事儿了，其实，生气也是可以导致病理性改变的，这可不是小事儿啊。

第三种导致淤血的原因是虚损——因虚致淤。气虚了，无力推动血液运行，结果便造成了淤血。这就像一个家庭，丈夫如果委靡不振，家庭气氛就会低迷，妻子当然也就没有了精神。

还有一种导致淤血的原因，叫寒热致淤。大家都知道热胀冷缩这个道理，寒会导致肌体的收引，从而使血液流动缓慢，此时就容易产生淤血；热会烁灼血液，使得血液浓缩，血液的浓度一高，也容易造成淤血。

一个人如果有了淤血，会出现哪些症状，又该如何识别呢？

大体上，会有这样一些症状——

疼痛：一般疼痛的地方固定不移，拒按，夜间疼痛加重。

肿块：淤血会沉积在体内，导致肿块，肿块一般也固定不移。

出血：因为脉络淤阻，血液会离经妄行，一般出血血色紫暗或有淤血块。

体表症状：口唇紫暗，爪甲青紫，舌质紫暗，有淤斑淤点，肌肤甲错等。

我们的身体，本来应该是气血调和、阴阳平衡的，但如果有了淤血，往往就会造成气血失调，这就好比一条河道阻塞了，上边形成了堰塞湖，水多得不得了；而下边却干旱得大地龟裂。要想解决这种情况，只有疏通河道，才能使干旱的大地得到滋润。

自古以来，医家都认为淤血导致的多是怪症，很多病症都稀奇古怪的，有的时候是寒证，有的时候是热证，其实，这都是气血失和、阴阳不调的结果，只要淤血一解除，气血调和了，所有的症状就会烟消云散。

那么，怎么祛除淤血呢？

其实方法非常简单，那就是活血化淤。

这里给大家讲个例子吧。

有位朋友的朋友，看了我的书后，辗转找到我，说他的妻子自从生完孩子，身体一直虚弱，所以一定要问问我，该怎么调补。

没见他妻子之前，我也觉得这是个虚证，心里设想了很多种滋补的方法，就等见面后确定服用哪种了。

当时，她生完孩子已经几个月了，我见到她的时候，乍一看，也觉得是个虚证——脸色不好、精神头儿也不足。我问，以前都是怎么调理的。他们告诉我，已经服用过很多补品了，什么冬虫夏草、人参都服用了不少。前面的医生给开的各种补品，他们也都认真地服用了。

我接着问：“效果如何呢？有改善吗？”

他们苦笑着回答：“没有效果，还不如服药前呢。”

此时，她的症状是：虚弱、无力、自汗、浑身发热。

于是，我给她诊脉查舌。

当我看到舌象的时候，大吃一惊，原来，在她舌体的侧面，有两块淤斑，颜色很深，但因为靠近舌根部，如果不仔细看，可能不会注意到。这就是淤血的指征。我是搞舌诊的，读博士的时候研究课题就是舌诊，那个时候看了几千副舌头的照片，天天研究舌象和疾病的关系，所以对舌象特别敏感，有时候，通过其他很多方法都找不出病因，但只要让我看到舌头，就总能找出一点线索来。

当时我就明白了，这是淤血造成的疾病。

我忙问她，是剖腹产还是自然产？

她回答：剖腹产。

我告诉她，可能这就是淤血产生的原因。

现在不知道为什么，剖腹产的人特别多，好像很少听说谁自然生产。要知道，剖腹产也有它的问题，因为它和自然的生产方式相违背。剖腹产出生的孩子，因为没有经过产道的挤压，呼吸系统就直接暴露在空气中，少了一个自然的锻炼环节，所以之后呼吸系统总是容易出现问题。稍微运动就呼呼地喘，非常容易出汗。有的时候，我看一个孩子的运动状态，立刻就能判断出他是不是剖腹产生产的。对产妇来说，剖腹产毕竟是手术，而且是针对生殖系统的手术，因此非常容易产生淤血。

这位女士就是如此，因为有淤血，她之前所有的补药都白吃了。这就好比是高速公路堵塞了，我们有多少救助物资，都会拥堵在那里，无法到达目的地，有的时候，救援物资堆积多了，反而会产生一些副面的影响。

她所体现出的热证，其实是假象，只不过是气血不和导致的郁热。在她的身体中，会出现这里是热，那里是凉的状况，这就是阴阳失衡的结果。

仔细问她，果然她虽然上半身热、出汗，却总是觉得腿凉，这也是为什么很多医生容易误认为她是寒证，从而误用一些温补的药。

调理其实很简单，只要祛除淤血就可以了。我给她开了一个活血化淤的食疗方子，就是熟地九克、当归六克、赤芍六克、川芎三克、桃仁六克、红花六克、益母草九克、羊肉二两（羊肉自备）。以上为一天的量，每天服用一次。这个方子，其实是中医里面一个非常普通的方子，叫桃红四物汤，我用的量非常小，同时加上了调血的益母草。

方子开完以后，我就走了。后来我才知道，这位朋友为了抓这个方子，走了两家药店，其中第一家看了方子以后，告诉他某某药没有，不给抓，其实我知道，这是用为方子量太少，药店觉得不赚钱，就不给抓了，后来他又去了别的药店才抓到。

结果，这位朋友告诉我，他妻子服药三天以后，就觉得汗出得少了，精神头儿也足了。一共服用了两个星期，原来的症状基本都消失了。

他很感慨，原来吃冬虫夏草花了几千元，结果却越来越重，这次的药膳只花了十几元（没有算羊肉的价钱），却恢复了健康，真是不可思议啊。

其实，这里面的道理很简单啊，就像我们的高速公路堵塞了，只要把它疏通就可以了，后面的工作，我们的身体自己就能解决了。但如果我们不重视气血的通畅，总是让身体处于堵塞的状态，那么我们的自我修复系统，即使有天大的本事，也无法发挥作用啊。

多说一句，像这种产后留有淤血的情况，我见过很多，产妇会出现各种症状，有的甚至稀奇古怪。其实根本问题就是气血阴阳在局部得不到平衡，所以会出现怪证。但只要进行活血化淤调理，使气血调和，那就会产生立竿见影的效果。

问答：

新浪网友问：

罗先生，我不能安然入睡，也睡得浅，从入睡到醒来，不停地做梦，都是些乱七八糟的梦，很痛苦，能不能请你帮帮我调理一下？

罗博士答：

这种问题一般有虚实两种：虚的，有可能是血虚、阴虚导致的血不养心，所以梦多，睡眠不实，一般可用天王补心丹的方子加减，用食疗方法的话，可以服用一些阿胶口服液来滋养阴液；另外一种是肝胆火旺，是实证，需要泻肝胆之火，我一般用小柴胡汤加川楝子六克。你可以请教当地的医生，具体分析一下，分清症候，对症治疗，如果希望用食疗的方法解决，也可以用玫瑰花三朵、竹叶三克泡开水当做茶来喝。

liguanyun1973 问：

罗老师，有一事请教！老年人常说绿豆解药，又有人说茶叶解药，到底是绿豆解药还是茶叶解药啊？

我今年四十六岁，去年看中医，说我有淤堵，舌头两侧可见紫色的斑点，而且脸发暗，两颊斑很多。吃了半年的“血府逐淤胶囊”，开始效果不错，斑明显变淡，后来又加重了。我现在该怎么办？

罗博士答：

朋友，解药的是绿豆，还有甘草，茶叶是不解药的。

血府逐淤胶囊是根据血府逐瘀汤制作的中成药，主要是用来化去腹中的淤血的，一般以腹中疼痛为诊断指征，如果腹中不痛，或者按腹部没有疼痛的地方，则不必服用；如果是面部有王缸，则需要在活血化淤的药物中加入一点引药上行入面的药物，如白芷等，这样可以收到更好的效果。创立血府逐瘀汤的清代名医王清任，还专门创立了一个治疗头窍面部淤血的通窍活血汤，可以拿来参考下。

新浪网友问：

罗老师，听您在《养生堂》中讲张锡纯用山药治病，真是太神了，我想问，如果平时养生的话，我们该怎么用山药呢？

罗博士答：

山药实在是好东西，能补肺、补脾、补肾：山药色白，色白入肺，所以，它能补肺；山药是甜的，味甘入脾，所以能补脾；再者，山药的黏液是滑的，所以又能入肾。总之，如果人体上中下虚损了，都可以用山药来调理。

平时保健用的话，量不能大。可以把山药、薏米、芡实磨成粉，煮熟每天吃一小勺就行了。要是熬粥的时候放进去，全家受益。由于山药有固涩的作用，对于大便稀的人非常适合，大便干的人吃山药可以配点杏仁，因为杏仁能开肺气，就不会便秘了。选山药的话，长得圆圆的、规整的比较好；如果是药用，就去药店买怀山药，力道比较大。

第四章
判断身体阴阳的简单方法

身体有热舌苔黄，舌质淡白是寒象；寒则痰涕清白，热则痰涕浓黄；鼻红脾胃有热，额红肺上有火；气虚之人，舌有齿痕；气血两虚，舌质淡白；身体有淤血：女看舌上红点，男看舌下经脉。

第一节　身体有热舌苔黄，舌质淡白是寒象

每个人都有这样的经历：感冒了，去医院，大夫总会说，把舌头伸出来看看，嘴巴张大点说“啊……”，这是判断身体情况最直观简便的方法。其实，我们自己也可以多掌握一点这方面的知识。一般来说，平和体质的人，舌头应该是淡红舌、薄白苔；如果舌质发红，肯定主热；舌质白，通常主寒。

我们该如何观察舌质呢？舌质就是舌头的本质，一般会有一部分被舌苔覆盖了，我们可以观察舌苔没有覆盖的部分，比如舌边，通过观察这里来看舌质的颜色。舌质的颜色，有两个极端，偏白的舌质，反映这个人的身体趋向寒的方向；如果舌质偏红，则反映身体趋向于热。再详细一点，如果舌质红而发紫，这是虚热；舌质老红这是实热，可能患上了什么热性病。通过观察舌质的颜色，大家就能基本了解自己身体的寒热了。所以，遇到淡白舌，就一定别用寒凉之药，在饮食方面，也不要再吃一些凉性的食物，比如，绝对不可以狂吃西瓜、狂喝冷饮，否则会雪上加霜。遇到舌头偏红的，如果还非去吃热性的食物，吃肉喝酒，那就相当于火上浇油，非把自己的身体毁了不可。

那么，我们又该如何观察舌苔呢？舌苔就是舌头表面覆盖着的那一层东西，这层东西一眼就能看见，初学之人很容易把它与舌质混淆。再强调一下，舌质是舌头的本来面目；舌苔是舌质表面的滑腻物质。所以，观察舌质要看没有被舌苔覆盖的部分，可以看舌头的边缘，那里一般没有舌苔。人的舌质很红，这说明体内有热；如果舌质红但舌苔很薄，而且整个舌头看上去都很红，这可能是虚热，需要滋阴；注意，这种虚热的舌象往

往是嫩红。前些天，我看到了一个女性患者，她脸上的粉刺很严重，舌质红舌苔薄，我断定这是虚热，就用滋阴清热的方法来调理，结果她的粉刺很快就消失了。等我再看到她时，她的舌质就是正常的淡红色了。细心的人可能要问了，我发现上火的时候，舌苔很黄啊。舌苔黄，一般也是体内有热的表现。但是，吃了有颜色的食物染上去的不算；另外，还有长期吸烟的人，舌苔往往也是黄的，不过这是烟熏效果，未必是体内有热。

在我国的第一部舌诊专著《敖氏伤寒金镜录》里，一位姓敖的医生就写了温热病与舌象的关系。原来，随着热邪由外向内深入，随着体内热邪的增加，这个舌象居然可以发生相应的改变，比如舌苔可以由白变成黄色；然后热邪继续增多，舌苔就变成干黑色；病危的时候，舌苔会变成灰色。而舌质的颜色，正常人是淡红的；随着热邪的增加，就变成了红色；热邪再增加，舌质就变成了绛色。由于舌诊比脉诊来得直观，所以，很多人就把舌诊当做一个法宝，用它来判断热邪的深入程度。

第二节 寒则痰涕清白，热则痰涕浓黄

人受了寒，一定是身上发冷，流清鼻涕，痰是白色的。如果发现自己有这些症状，处理起来很简单，用苏叶泡水喝就行了。

小孩子流清鼻涕、咳白痰，也一定是受寒了，可以用苏叶六克熬水，将熬好的水再兑上温水，给孩子泡脚，让他的身体暖过来，这样寒邪散去，身体就能恢复了。人一受寒，如果能够马上采取这样的措施，基本可以把寒邪赶出体外。因为，这时寒邪还在体表，涕清痰白说明邪气尚未化热，正是好对付的时候。

倘若大家没有注意这些症状，这一个阶段过去了，问题就进入了第二个阶段。此时外邪开始和身体斗争，身体内出现了热证，这叫外寒内热的阶段。此时鼻涕开始黄了，或者黄白相间，一会儿是清的，一会儿是黄的，这是寒热错杂了；痰也是，很多孩子不会咳痰，但是可以听到声音大起来了，痰声很大，如果痰咳出来，肯定也是黄色的，或者黄白相间的。大家可以记住，寒热杂错的时候，一般表现为鼻涕黄白相间，痰也是黄白相间的。鼻涕和痰呈白色，是清的，这代表寒像；一旦它们呈黄色，这代表热像。

总之，我们分析身体的寒热要紧紧地盯住鼻涕和痰的颜色，如果它们是白色的，那么就是有寒邪存在，要用温热的方法，使身体暖过来，驱除寒邪；如果痰或者鼻涕变成黄色，那就是有热了，我们就使用清热的方法，把热邪清除出去。

第三节 鼻红脾胃有热，额红肺上有火

人的面部对应着五脏六腑，比如两个眉毛之间，这里是肺的对应区。如果这里色白，说明人的肺气不足，正常的人此处应该微微红于其他的部分。如果此处有一块暗淡的颜色，如同拇指肚般大小，那么人就该出问题了。古代相面的人管这里叫印堂，说人的印堂发暗，就会大难临头，其实，是要患大病了。望诊大师王鸿谟老师从八岁开始学习色诊，二十几岁的时候去青海工作。一次，他看到当地的县委书记印堂有一块暗淡的颜色，于是让他去检查，结果，检查出了肺癌。另外，鼻头代表脾，两个鼻翼代表胃，如果这里红，说明脾胃有热。说到这里，我想起很多人都会在某个季节出现红鼻头，上面有些红肿的包，其实这就是脾胃有实热的征兆，一般服点防风通圣散（现在有中成药）就可以了。服药以后，通常会泻肚子，然后红鼻头就会消失。这是因为防风通圣散中有大黄、生石膏等泻脾胃之火的药，所以治疗此病的效果比较好。

在鼻头的上面，也就是鼻梁那里，是肝的部位。有一次，我给一个孩子看病，望闻问切了半个多小时，才诊断出孩子是肝气不舒，脾气很大，这时正好王鸿谟老师来了，我请王老师替孩子诊断一下，王鸿谟老师仅看了一眼，也就是五秒钟左右，就对我说："这孩子脾气大啊！病的时间可不短了"。当时，家长和我都十分惊讶。后来王鸿谟老师告诉我，他之所以判断孩子肝气不舒、脾气很大，就是看到孩子的鼻梁颜色发青。

再说说印堂，也就是两眉之间的位置，这是我们俗称的小印堂。如果印堂发红或者紫红，这说明肺部积热，有肺火了。通常，人在外感的时候，也会反映在两眉之间的印堂位置。清代的名医王孟英就说："六淫外

感，必从肺入。”所以，人感冒的时候，印堂位置也会呈现赤色。这个大家可以观察一下自己或者身边的人，印堂一旦发红，人很快就会表现出外感的症状，这个信号还是非常准的。我有个朋友就是这样，印堂部位呈现出紫红色，而且有点肿肿的感觉，我一看，这肯定是要感冒了，果然，第二天他的感冒症状就比较明显了。

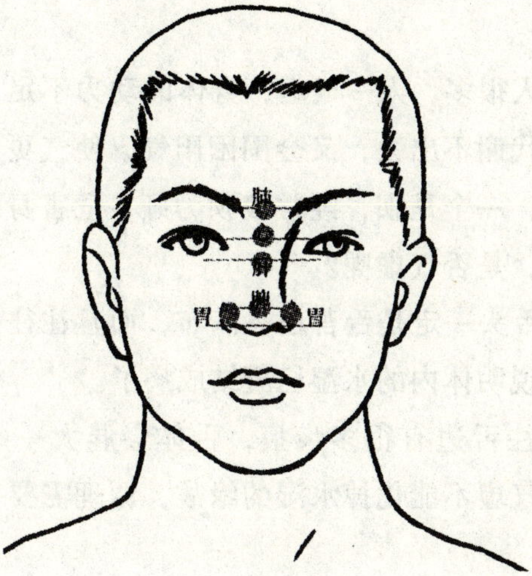

图三　脏腑在面部的反射区

第四节 气虚之人，舌有齿痕

现在，气虚的人很多，人一气虚，身体的动力不足，体内的水湿就无法代谢出去；水湿代谢不出去，又会围困阳气，使气更加虚弱。因此，水湿和气虚一个是狼，一个是狈，经常狼狈为奸，危害身体。那么，该如何判断人是否有水湿，是否气虚呢？

水湿重的人，舌头一定是舌苔白、满布，而且往往舌苔厚腻。如果舌苔非常厚腻，那就说明体内的水湿已凝结成痰了。

气虚的人，往往舌边有很多齿痕，舌体会胖大一些，并伴有舌苔白腻。这是因为人体气虚不能化掉水湿的缘故，调理需要一边利水湿，一边补气。

那么，究竟什么样的舌头是齿痕舌呢？

齿痕舌一般多伴有舌体胖大，主脾阳虚弱、水湿内停，但也有人认为齿痕舌在正常人也可以出现。实际上，的确很多有齿痕舌的人并没有疾病，只是处于亚健康的状态。所以，中医说的气虚、水湿重并非就是指人有病了，而是说体内的气血状态出现了失衡，这在西医看来是无病，但中医却提前地发现了亚健康的状态。

值得注意的是，以往大家都以为齿痕舌的舌质颜色都是淡白的，其实，很多红舌也有齿痕，这往往是热盛的表现，此时不可贸然补气。

在食疗方面，如果是齿痕舌舌质淡的人（见彩图一），在食物的选择中，可以多选择薏米、山药、南瓜、红薯、栗子等食物吃，尽量不要吃生冷瓜果和冷饮，因为会损伤脾阳，导致水湿更重。

总之，气虚的重要表现就是：舌体胖大，舌边有齿痕，而且舌苔白腻厚重（见彩图二）。如果大家也有这样的症状，就要注意了，这说明你的身体出现了气虚的症状，而且气虚致使体内的水湿难以排出，所以才会出现舌体胖大、舌苔厚腻的情况。一旦判定自己出现了气虚的这些症状，那就要一边补气，一边化湿。化湿是祛除现有症状，补气是从根本上调节身体。

补气以补脾为主，可以用白术、山药、莲子肉等来补脾；利水湿可以用薏米来进行，比如，在做饭的时候放入一把薏米。薏米祛水湿的作用很好，有的朋友是用薏米和大米各一半来做饭，结果厚腻的舌苔两个星期就消除了。

第五节 气血两虚，舌质淡白

正常人的舌质应该是淡红色，如果舌质淡白，往往说明人血虚或体内有寒。有的女性气血不足，舌质就会变成惨白色，这说明身体需要补血了。

到底什么样的舌头是淡白舌呢?

几年前，有一位女性，人还没到四十岁就闭经了，常常几个月都不来例假，找了很多医生都无济于事。开始的时候，西药黄体酮一用，就有反应；一停，就没动静了。最后连她自己都害怕了，她心想，这样下去还得了啊，于是就不敢用黄体酮了。中药虽说也吃了一些，都是通经的，却没有什么效果。后来她通过朋友找到我，当时我还在读博士，学生宿舍是不让女士上楼的，结果我就在接待室给她看病。

刚听说这个事情，还没见她本人时，我也觉得棘手，心想都病了这么久了，很多医生都看过，想必要费些心思了，但等我一看到她的舌头，立刻就觉得这事儿好办了。因为我发现她的舌头就是淡白舌，舌苔非常薄，这说明她气血两虚啊。为什么有的医生用通经的方法不见效呢？就是因为病人此时气血两虚，已经无经可通了。这就像河里面已经没有水了，您还挖河道疏通，那肯定没有用，应该把气血养足了才能再疏通啊。

于是，我告诉她，不要着急，要慢慢养，等气血足了情况自然会有所改善的。

中医认为脾胃是气血生化之源，我给她开了调养脾胃的方子，记得当时白术用了三十克，还加了一些养血的药物，并且告诉她要早睡觉，因为夜里是养阴血的时间。

调养了一段时间以后，我稍微用了点通经的药物，她的例假就来了。从那以后，她的例假一直正常。

现在，闭经的现象很多，有的女性是因为淤血，有的就是因为气血不足。值得注意的是，很多人闭经是由减肥引起的，她们服用的某些药物导致脾胃虚弱，脾胃虚弱进而导致气血不足，结果就出现了闭经。

总之，淡白舌就是舌质的颜色比正常人浅淡，又叫做舌淡，主要是红色的色度值下降，这在中医里面，多主虚寒证或气血两虚。传统的中医认为，阳虚证的舌质是淡白的，但是舌体较正常肥大，舌面湿润多津液，舌质有种娇嫩的特点，舌边有齿痕，这样的淡白舌主要出现在阳虚寒证的人身上。如果舌体与正常大小相似或稍瘦小，舌面虽润而并不多津，则是气血两虚之证。

第六节 是否有淤血：女看舌上红点，男看舌下经脉

很多女性朋友都有健康问题，其中一部分是月经不正常，有的干脆闭经了；还有一部分是无法怀孕。这些都严重影响了她们的工作和生活。

为什么女性会有这么多问题呢？一个很重要的原因，就是体内有了淤血。

那淤血是怎么出现的呢？

导致淤血的原因有很多：有的人受了寒，热胀冷缩，血液凝固在了那里，结果就造成了淤血；有的是因为流产和剖腹产，血没有排干净，结果造成了淤血；还有的是因为肝气不舒，气郁积之后造成了血的淤积，等等。人的身体内有了淤血，各种怪病就会随之产生。

那么，我们怎么识别淤血呢？

首先，有淤血的人身体某个地方容易固定的疼痛，尤其是夜里会加重，这是因为夜里气血运行慢，淤血更加淤滞，所以疼痛感加剧；其次，人的记忆力会变得很差；另外，人总是喉咙干，想喝水，但水到了嘴里，却不想下咽，等等。

除此之外，身体有了淤血，我们从舌头上也可以看出来，下面是三张淤血图片——

淤斑舌 1（严格讲应该是淤点舌，见彩图三）的舌体满是舌苔，这样就给人一种假象，以为这个舌头是淡白舌，其实舌苔下面的舌质应该是红色的。只是她的舌头上有很多的红点（中医的术语叫蕈状乳头），这些红点已经有些发黑了，这就是淤点，是身体有淤血的征兆。而且各位还可以

看到，这个女孩子上嘴唇的汗毛很重。汗毛重这也是一种表征。

淤斑舌2和淤斑舌3（严格讲应该是淤点舌，见彩图四和五）的舌质都有些紫暗，这意味着其体内有淤血；同时舌体上的那些红点也开始变黑了，主要分布在舌体的两侧，这也是有淤血的征兆；同时我们还可以发现，这两位女孩子上嘴唇的汗毛也偏重。而汗毛重、体胖、粉刺多，这些都是多囊卵巢综合征的一些症状，所以这也提示该病可能和淤血相关。而从淤斑舌3的舌图我们也可以看到，这个女孩子的上嘴唇颜色较深，也有一定的淤象。

说到淤血，大家其实也不要害怕，尤其是女士还有个天然的优势，那就是在例假期间，可以适当地用一些活血化淤的药物比如桃仁、红花、当归、川芎、丹参等，这样比平时更容易化去淤血，更容易促进气血的畅通。不过，活血化淤的药物不能自己随意服用，应该在当地医生的指导下使用，这样才比较稳妥。

判断自己是否有淤血，女性一般可以看舌上的红点，男性则可以观察舌下静脉。观察舌下的静脉，对于男士来说，则更为重要。舌下静脉变粗，或者舌下络脉青紫，这些都被统称为舌下淤点，是淤血的重要表象，跟冠心病的发生有非常密切的关系，高血压和高血脂患者的舌下也都可见到淤点。

问答：

张倚伟问：

想请教一下罗老师。

我发现舌头上有红点的人特别多，尤其舌淡的人看着很明显，还有的舌根处有乳头状突起，伴随的症状各异，有形寒肢冷的、有手脚干热的……是不是这都代表血分有热呢？谢谢。

罗博士答：

舌质很淡但红点很多，我觉得你说的情况女士居多，如果仔细观察，这种红点颜色多比较深，我觉得这是淤象；舌质淡则代表气血不足。同时舌质淡也说明气血不通畅，无法供应舌体；另外，红点代表有淤，很多有此类舌象的妇女都有妇科病，比如不孕、闭经等症，这是我的经验，我们可以相互探讨，不知道你看的患者还有什么特点。

萧大夫问：

罗老师，舌下静脉的粗细与淤血是否有关呢？

罗博士答：

朋友，现在基本认定舌下静脉的粗细和淤血相关，一般情况下，如果粗过两毫米（我认为这是个相对标准），那么就可以判断为淤血了；同时，舌下静脉的弯曲程度和颜色也是判断淤血的指征。

桃色的天空：

罗博士，按照你的化淤血方法，两个月下来，淤血好了很多，舌下静脉也不像以前那样粗了，但是，我发现每次月经之前舌下静脉又会像以前那样粗大，这是正常状况吗？

罗博士答：

例假前舌下静脉变粗一般是正常的现象，是气血开始旺盛的表现，不要担心。

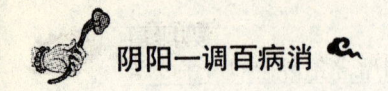

第五章
调理身体阴阳，食物可以帮忙

天地是个大宇宙，人体是个小宇宙，天地协调阴阳靠风雨雷电，人体协调阴阳主要是靠食物。人可以通过食物的阴阳来调理身体的阴阳。健康长寿的人总会根据自己身体的阴阳状况来选择食物，身体偏寒了，就会吃一些属阳的食物；身体偏热了，就会吃一些属阴的食物。所以，健康长寿的人从来不偏食。

第一节 吃饭就是调阴阳

西方有一句名言："You are what youeat." 翻译过来，就是你吃什么，什么就会对你产生影响，你吃的一切决定了你是一个什么样的人。

前段时间，美国3D电影《阿凡达》轰动全球，创下了票房新纪录，我看过之后，也颇感震撼。其中有一句台词给我的启发犹为深刻，这句台词是："我们的生命都是借来的，迟早会还回去。"是的，我们的生命是从三个地方借来的：我们从父母那里借来了精血；从天地之间借来了阳光和空气；从大自然借来了水和食物。我们将这些借来的东西放进自己的身体，又通过我们的身体将阳光的能量、空气的能量、水的能量、苹果的能量、猪肉的能量等，转化成为自己的能量，就这样，我们一天天长大了。然而，借来的东西迟早会还回去，不管你的地位有多高，不管你有多富有，不管你是权倾天下的皇帝，还是一贫如洗的乞丐，你从哪里借来生命，就会归还到哪里。大家看，生命结束之后，如果我们选择火化，就会将一部分能量还给天空；如果我们选择土葬，就会将一部分能量还给大地；最后，我们腐烂变成了肥料，就会将一部分能量归还给庄稼。所以，人是自然的一部分，生命实质上是大自然能量转化的一种形态。

大自然之所以伟大，是因为它总是在寻找阴阳平衡，天地之间，有太阳就有月亮，有男人就有女人，有高山就有盆地，有火就有水，一句话，有阴就有阳，有阳就有阴。食物也是如此，食物有阴性的，也有阳性的，阴性的食物偏寒偏凉，阳性的食物偏热偏温。天地是个大宇宙，人体是个小宇宙，天地协调阴阳靠风雨雷电，人体协调阴阳主要是靠食物。人可以通过食物的阴阳来调理身体的阴阳。健康长寿的人总会根据自己身体的阴

生姜、南瓜

阳状况来选择食物，身体偏寒了，就会吃一些属阳的食物；身体偏热了，就会吃一些属阴的食物。所以，健康长寿的人从来不偏食，而偏食的人从来就不会长寿。

每个人的生命都是借来的，不同的是，健康长寿的人会借，借得恰到好处；而不健康的人则是乱借，不是借错了东西，就是借多了。健康长寿的人所借的食物都是身体需要的，不健康的人借来的食物多是身体不需要的。比如西瓜，性寒，脾胃虚寒的人吃了，就会寒上加寒，而聪明的人此时就不会选择西瓜，他们会选择生姜和南瓜，因为南瓜和生姜都是属阳的食物，吃进去以后，正好协调虚寒的脾胃。所以，会吃的人能用食物的阴阳来调理身体的阴阳，而不会吃的人则是用食物的阴阳搞乱了身体的阴阳。

有一位女性，三十多岁，在北京国贸上班，她十分漂亮，是典型的白领丽人，美中不足的是脸上总会莫名其妙长出一些痘来，她去看过几次医生，也吃过一些药，每次吃药以后都会好几天，不过，等不了多久，脸上的痘就又会多起来，她用了一个十分形象的比喻，说脸上的痘就像芳草一样："野火烧不尽，春风吹又生。"她为此非常苦恼。我诊断之后，认为她这是阴虚火旺，也就是说她身体内阴少了，阳多了，阴阳失去了平衡。这么漂亮的女性身体里哪来那么大火呢？一问才知，原来她非常喜欢吃四川火锅，还特别爱吃羊肉。四川火锅里的辣椒是属阳的食物，羊肉也是属阳的食物，她身体内的阳本来就很旺了，再吃进这些属阳的食物，就如同火上浇油一样，难怪她脸上的痘会如此顽固。我对她说："我也给你打个比方吧，你脸上的痘就像一锅沸腾的水，你吃进去的火锅和羊肉就是锅下面的柴火，你以前的治疗都是往锅里加凉水，加了凉水以后，锅暂时不沸腾了，但下面的柴火仍在，温度不断升高，过不了多久，锅就又会沸腾了，所以，要彻底解决你脸上的痘，就必须釜底抽薪，不再吃火锅和羊肉了，这样才能根治。"

她无奈地看着我："罗博士，难道不能两全其美吗？"

我笑了，说："恐怕很难，有舍才有得嘛！你不舍弃自己的口腹之欲，怎能换来容颜的美丽？”

最后，这位女性终于放弃了自己的饮食习惯，选择了一些属阴的食物，我帮她简单调理了一下，很快，她体内的阴阳就平衡了，从此脸上的痘便彻底消失了。

第二节　食物可以改变人的性情

人体的阴阳不平衡了，不仅会表现在身体上，还会表现在性情上，一般来说，阳气虚弱的人胆小，做事优柔寡断；阴虚的人火大，脾气急躁；肝郁的人焦虑不安，容易忧郁；阳气太足的人，刚愎自用，十分固执。人们常说："江山易改，本性难移"，其实，人的性情都是身体内阴阳现状的反应。而身体的阴阳状况又可以通过食物来改变，所以，人的性情，可以通过食物改变。

与其说"江山易改，本性难移"，不如说"本性易改，口味难移"。许多人的性情大多是由个人的饮食习惯决定的，如果改变了饮食习惯，性情也会随之而变。我见过很多脾气急躁的人，改吃素食之后，慢慢的性情变得平和起来。为什么他们的性情会发生变化呢？就是因为饮食的改变导致了他体内阴阳的改变。以前他体内的阴阳处于失调的状态，所以脾气急躁，现在，他体内的阴阳平衡了，性情自然就平和了。

中医里有"性急则生热，味厚则伤气的说法"。意思是说，饮食与人的性情有直接的关系，如果一个人性情急躁，身体内就会有热；如果吃的食物味道太重，就会伤害身体内的气。同样，一个人吃了太多属阳的热性食物，他们的性情慢慢的就会变急躁，大家看一看能吃辣椒的几个地区，比如四川、重庆和湖南，就明白了，所以历史上四川、重庆和湖南都是出将军的地方，素有"无川不成军"，"无湘不成军"的说法。

那么，什么样的饮食是最好的饮食呢？饮食贵在平淡。读《黄帝内经》时，人们常常碰到"平人"这个词，什么是平人呢？平人就是阴阳平衡之人，因为阴阳平衡，所以他们健康无病。平淡是什么意思呢？平淡就是阴阳平衡，不偏不倚，平平淡淡。大德无言，大道至简，大味必淡。真正的美味在于平淡，最好的饮食就是阴阳平衡的饮食，什么都要吃一点，什么都不宜太多。

第三节　十大属阴的食物

苦瓜泻心肝之火

苦瓜，南方又叫凉瓜，一个苦，一个凉，这就道出了苦瓜的作用：清热祛火。

大家都知道苦瓜性寒，有泻火的作用。但如果要问："苦瓜究竟泻体内哪里的火？什么时候该吃苦瓜？"恐怕很多人就不太清楚了。身体内的火有很多种，有心火、肝火、肺火、胃火、大肠之火、小肠之火，等等。如果你不知道身体的火在哪里，也不知道什么食物泻什么火，自己就瞎吃一通，结果，不仅火降不下来，而且还会让脾胃变得虚寒，这就叫旱的地方旱死，涝的地方涝死。

那么，苦瓜到底是泻我们身体哪里的火呢？清代王孟英的《随息居饮食谱》说："苦瓜青则苦寒；涤热，明目，清心。"从王孟英的论述中，我们可以看出，苦瓜是泻心肝之火的，因为它"明目、清心"，清楚了这个，我们就可以有的放矢了。当我们心肝有火时，就可以多吃一些苦瓜，这样能起到泻火的作用。

有的人又会问了："罗博士，我如何才能知道自己的心肝有火呢？"我告诉大家一个非常简单的诊断方法，如果你的左脸忽然冒出了痘痘，左边的牙龈开始疼痛了，这个时候就可以多吃一些苦瓜。这是什么道理呢？因为人体内的气是上下运动的，肝气从左边升，肺气从右边降，人的左脸配肝，右脸配肺，肝上有了火，左边脸上就会有所反应；肺上有了火，右边脸上就会有所反应。总之，只要是左边脸上有了上火的症状，那就一定是肝火，就可以多吃苦瓜。

我做苦瓜，方法很简单，往往是切成片，用开水烫一下，然后拌些佐料就可以了，因为越苦越能祛火；还有一个方法，就是把苦瓜切碎了，和鸡蛋搅拌均匀，然后下锅里面炒，这样做味道也是不错的。

空心菜清小肠之热

空心菜大家都知道，但它在《本草纲目》里却另有一个陌生的名字——“蕹菜”。

空心菜，性寒，味甘，也是一种属阴的食物，老百姓为什么叫它空心菜呢？因为这种食物中间是空的。中国的文字是象形文字，中医也讲究象形，常常有以形补形之说。比如，竹子喜阴、中间是空的，所以，竹叶就有清热利尿的作用。一般来说，凡是中空的食物都具有大致相同的功效，藕中间也是空的，所以，它就具有清热凉血的作用。

那么，空心菜是泻我们身体哪里的火呢？《陆川本草》认为空心菜具有清肠胃之热，通大便的功能，非常适合胃肠积热、大便不通的人食用。大便通不通，自己当然知道，但胃肠有积热，该如何来诊断呢？方法也很简单，如果你感觉到自己有口臭了，这就说明你的肠胃有积热了，这时就应该多吃空心菜。空心菜除了有清理肠道的作用外，还可以利尿，治疗小便不利、尿血等症，在中医里面，它的一个重要功能是清小肠之热，中医系统中的小肠，是包括小便功能在内的，因此，如果我们的排尿系统出现了热证，比如尿的颜色发黄发红，小便的时候尿道口痛，这都是热证，此时，我们就可以选择空心菜来吃，对清利小肠之热是有好处的。

当然，空心菜的主要作用是因为它性寒，所以，脾胃虚寒、大便溏稀、身体虚弱的人不宜多食。

我自己也很喜欢吃空心菜，主要的做法是清炒，味道非常好，身体没有什么寒热的时候，可以放一点蒜，因为蒜可以纠正一下空心菜的凉性；

如果体内真的有热了，就不用放蒜了，单独做空心菜即可，或者可以用莲藕，切成片，和空心菜一起做汤，这样清热的作用会更好。

马齿苋泻肠道湿热

马齿苋是典型的药食同源之物，它还有个非常神奇的名字——五行草。因为它的叶子是青色的、梗是红色的、花是黄色的、根是白色的、籽是黑色的。在五行里，青色属肝木，红色属心火，黄色属脾土，白色属肺金，黑色属。肾水。所以，马齿苋虽不起眼，却汇聚了木、火、土、金、水五行的精气。

马齿苋老百姓又叫“长命菜”，它的生命力非常强，特别耐寒，在很恶劣的环境下也可以顽强地生长。如果农民除草时不小心漏掉一颗小苗，它很快就会繁衍成一片，跟庄稼争抢营养。

马齿苋味酸，性寒，人大肠、肝、脾经，可以清热祛湿，治痢疾，还能治腮腺炎。对于治疗疮疖红肿，它也是一绝，人在野外要是被野蜂蛰到，可以把马齿苋捣烂了涂到患处。但要注意的是，脾胃虚寒者，大便溏稀者，孕妇禁用。

由于马齿苋蕴涵了五行的精气，所以，它的清热作用是全方位的，肝、心、脾、肺、肾，不管何处有热，马齿苋都能清之。但是，如果要仔细划分，马齿苋清利肠道湿热的作用比较大，如果我们的肠道有湿热，比如有热性腹泻等，可以选择马齿苋当菜来吃。我这里还可以告诉大家一个秘诀，如果是有肛肠病的患者，大便因热而出血的话，可以服用马齿苋，它具有清热止血的作用。在服用的同时，如果用马齿苋熬水，然后用这个水来洗浴患处，也可以起到清热止痛的作用，可见，马齿苋虽然便宜，但是用处很多。

鱼腥草清肺热

鱼腥草是药食两用的植物，也是我国西南地区一种比较常见的菜，因为整株的植物都有鱼的腥味儿，所以得名鱼腥草，吃的时候，可以炒菜，也可以凉拌或者做汤。就是这种普普通通的鱼腥草，还曾创造过人间神话。

1945年，日本广岛原子弹爆炸后，死里逃生的人大都得了放射病。因为缺医少药，很多人都慢慢死去了。有一对姐妹，姐姐在当天出现高热和流鼻血的情况，母亲给她服用了鱼腥草，结果，她竟奇迹般的康复了；一个月后妹妹也出现高热和流鼻血等症状，生命垂危，于是她自己也开始服用鱼腥草，最终脱离了危险。从此以后，鱼腥草便成了日本人的救命草，他们纷纷去田间地头寻找它来救命。所以，鱼腥草在日本很出名，是一种著名的保健植物。

鱼腥草性微寒，味辛，可以清热解毒，消痈排脓，还可以止血、止咳。适用于治疗流行性感冒，对脾胃湿热、便秘腹满的人，也很有效。夏天，鱼腥草还可以治痢疾。总之，鱼腥草对于解除实热、毒邪都是很有用的。在西南地区，有些老人总是喜欢采些鱼腥草回家，放在太阳底下晒干，然后存放起来，一旦家里有人感冒发烧，出现流鼻血、牙痛等问题，他们就会用鱼腥草来煲汤喝，十分管用。

可见，鱼腥草治疗肺经的热证非常有效，当我们因外邪引起肺热，出现了痰黄、胸痛、呼吸急促、高热等症状的时候，除了及时就诊外，还可以多吃鱼腥草，因为鱼腥草清利肺热的作用非常大。

我在做鱼腥草的根茎时，喜欢把它们切成段，放在锅里炒，快要出锅时，放人酱油和陈醋，这样味道特别的好；如果是鱼腥草的鲜叶子，也就是我们通常说的折耳根，我会用开水烫一下，然后拌人酱油和醋，味道也非常不错。很多人开始的时候不喜欢鱼腥草的味道，但是一旦吃习惯了，还真的几天不吃就想，我现在就是，进了一个饭店，如果发现有折耳根这道菜，那是一定要大快朵颐的，否则饭就会吃不香。

菠菜清肠胃热毒

菠菜非常耐寒，其性质比较寒凉。菠菜人肝、胃、大肠、小肠经，它可以润燥滑肠，清热除燥，专治头昏烦热和慢性便秘等。《本草求真》说："菠菜，能利肠胃。盖因滑则通窍，菠菜质滑而利，凡人久病大便不通，及痔漏关塞之人，咸宜用之。又言能解热毒、酒毒，菠菜气味既冷，凡因痈肿毒发，并因酒湿成毒者，须宜用此以服。且毒与热，未有不先由胃而始及肠，菠菜既滑且冷，而味又甘，故能人胃清解，而使其热与毒尽从肠胃而出矣。"这段话的意思是说，菠菜滑而能通窍，所以可以通便下气，为什么通便下气就能泻体内热毒呢？因为体内的毒和热，无不是肠胃之毒，通了肠胃，热和毒自然也就清解了。在中医里面，一般这种性质滑利的食物，往往都具有通利肠道的作用，所以，当我们出现热证，比如感冒发烧了，同时大便干结的时候，就可以多吃菠菜。平时，如果我身边的朋友感冒了，身体发热，我都会建议他们熬点菠菜汤喝，大家看，懂得了中医的道理以后会有很多好处，面对菜市场五花八门的蔬菜，我们就知道在何种状态下，选择何种蔬菜了。

需要注意的是，菠菜性味寒凉，所以不适合胃虚寒的人吃，腹泻的人也不适合吃。

苦菜清血分之热

苦菜，虽说吃的时候苦，但得到的却是健康。

苦菜，又叫苣荬菜，为菊科植物，又叫苦苣菜、取麻菜等，它的名字非常多，有的看上去甚至很陌生，但是，一旦看到实物，大家立刻就认识了，因为在北方的大多数地区，这种野菜遍地都是。东北人吃苦菜，大多是用苦菜蘸酱吃；西北多用它来做包子饺子馅，拌面或加工酸菜；华北食用多为凉拌。我非常清楚地记得，小的时候，每到春天，父母都会端上几盆洗得干干净净的苦菜，蘸黄豆酱吃，虽然微微发苦，但是觉得非常爽口，至今仍然能够回忆起那种美味。现在想起来，春天万物生长，人也容易火大，而这些野菜恰在此时从地里长了出来，我们吃了这些野菜，正好可以祛火，这也许就是大自然的巧妙安排吧。

苦菜性寒，具有清热解毒，凉血止血的功效，对治疗感冒和扁桃体炎都有很好的作用。

《滇南本草》说苦菜能“凉血热，寒胃，发肚腹中请积，利水便。”意思是说，苦菜有祛除胃热和血热，排出腹中积滞以及通利小便的作用。如果用中医理论来分析，苦菜是人血分的，当血分有热的时候，多吃苦菜就可以解毒凉血，比如当我们的皮肤出现了疮疖疔肿的时候，就可以服用苦菜来解毒消肿。可见，苦菜虽小，作用甚大啊。

莲子心泻心火

“生生无限意，只在苦心中”，说的就是莲子心。

把莲子打开，里面有一个小小的绿色胚芽，安安静静地抱成一小团，这就是莲子心。别看它只有小小的一点，功效却很大，它能够“清心火”，“平肝火”，是个令人赞叹的“灭火”专家。说起莲子心，大家都知道，这几乎就是“苦”的代名词，它味苦，性寒，人心、肺、肾三经，它能由心走肾，使心火下通于肾，又能回环上升，使。肾水上潮于心。

莲子心不但可以清火，还可以安神，患慢性病导致的心烦失眠者，用它最好；对于发高烧而神志模糊的病人，莲子心也有奇效。除此之外，莲子心还有降压的作用，因高血压而心烦失眠的人可以用莲子心泡茶喝。通常，嫩一点的莲子心泡出的茶味道清淡，而莲子心越老，苦味儿就越重。

莲子心是我经常使用的药食同源之物，我发现，因为现代社会的工作和生活节奏太快了，很多人都有压力，这种压力往往就会转变成心肝之火。有的时候，我去一个单位，给朋友们诊脉，最后发现自己说的话都是一样的，这个人有心肝之火，那个人也有，后来我都不好意思说了。我总结，这可能和工作性质和工作环境有关，一个严厉的老板，下面的员工估计都会有些心肝之火的，怎么办呢？工作还是要做的，但是火不能总是留在体内，这个时候，我会告诉他们，用莲子心三克、竹叶三克，泡开水，然后当做茶来喝，味道虽然苦一点（其实大家喝咖啡都不嫌苦，喝这个也

莲子心3g.竹叶3g.泡开水，

没有问题的），但是可以把心肝之火泻去，这样可以使得我们的身体轻装前进，避免心肝之火进一步发展，最后进人疾病的状态。

丝瓜：皮解毒、络清热、肉润肠

丝瓜是我们生活中常见的蔬菜，我每次到菜市场的时候，都可以看到它，我一般买回来后，把它切成片，和鸡蛋一起炒，口感滑滑的，味道独特，很是爽口。但是，大家知道吗？丝瓜在中医里面可是大有说道的啊。

首先，这个丝瓜味甘，性凉，具有清热化痰、凉血解毒的作用，当人出现血热便血、痔疮出血、大肠燥结、大便不利时，就可以多吃丝瓜。我的做法是，把丝瓜切成片或者条，先用油炒一下，再放入水和盐，这样熬汤不但味道鲜美，还可以清热凉血、利肠道。

在古代，丝瓜的汁液是用来清痰热的，那么，怎么收集丝瓜的汁液呢？古人很聪明，他们的具体做法是，把正在生长的丝瓜的下端切去，然后下面放个容器，这样丝瓜的汁液就会源源不断地滴下来，人们就用这个丝瓜汁治疗黄痰咳嗽等症。当然，现在城市里没有这个条件了，但是，我们可以把从菜市场买来的丝瓜榨成汁，饮用这个丝瓜汁，同样可以清热化痰止咳。

另外，这个丝瓜简直全身都是宝，当丝瓜老了以后，丝瓜里面会有一种网状的干燥纤维，老百姓经常用它来刷锅刷碗，杂货商店里面也都有卖的，但是，很少有人知道它还是一味中药，叫丝瓜络，具有通经活络、解毒消肿的作用。中医认为人和自然界是一体的，自然界中的道理，就是身体中的道理。丝瓜络因为具有强韧的网络结构，所以它的通络作用就比较强，可以疏通我们阻滞的经络，当遇到湿热导致的经络阻滞时，比如腰痛，我会用桑枝配合丝瓜络，加入药方中，很快就会使经络畅通，疼痛消失。在治疗风湿病的时候，这个丝瓜络也是经常使用的药物。

如果我们把丝瓜的表皮削下来，这也是一味中药，叫丝瓜皮，丝瓜皮具有清热解毒的作用，可以治疗金疮、疔疮，古代的用法是把丝瓜皮晒干，储存起来，用的时候再焙干，研成粉末，然后用酒调敷在患处，可以起到治疗作用。

总之，这个丝瓜全身都是宝贝，从叶到藤到果实，全部可以人药。从一个小小的丝瓜中，我们可以清楚了解人与自然是如何统一的，因为丝瓜从里到外，正对应了人体的由里及表，所以，一个小小的丝瓜反映的却是我们的人体：丝瓜的肉在里面，所以，它可以治疗我们身体内的肠道便血等热证；丝瓜的络在它的中层，所以，它可以疏通我们人体中层的经络，清除经络中的湿热；丝瓜的皮在外表，所以，它可以解除我们体表的热毒，用来治疗疮疔等疾病。大家看这是多么奇妙的事情啊！有人说中医难以掌握，其实，只要我们掌握了生活的哲学，中医就变得很简单了。

黄瓜清肝经之热

黄瓜性凉，味甘，入肺、胃、大肠经，治疗的病症有：热病口渴，小便短赤，水肿尿少，水火烫伤等。非常适合热病患者吃。比如你的舌头很红，或者舌苔很黄，这个时候吃黄瓜就比较好。尤其是患了热性病，出现津液亏乏的时候，用黄瓜做食材，可以增液滋阴，我遇到这种情况的时候，会用梨、西瓜、黄瓜等一起榨汁，然后让患者喝这个果蔬汁，很快患者干燥的症状就会迅速缓解。

实际上，黄瓜还人肝经，这是古代的医家没有总结出来的，但是，我们不能因为古人的认识程度而限制自己，经研究，黄瓜中含有的葫芦素C具有提高人体免疫功能的作用，达到抗肿瘤的目的。更重要的是，该物质还可治疗慢性肝炎和迁延性肝炎，对原发性肝癌患者有延长生存期的作用。另外，黄瓜中所含的丙氨酸、精氨酸和谷胺酰胺对肝脏病人，特别是对酒精性肝硬化患者有一定辅助治疗作用，可防治酒精中毒。在中医里面，酒的药性是热的，因此会引起体内的热证，而黄瓜正可以清掉此类热毒，保护肝脏。从这些研究中我们可以看出，黄瓜有清肝经之热的作用，这是我们需要了解的新的知识。

另外，黄瓜中含有丰富的维生素E，可起到延年益寿，抗衰老的作用；黄瓜中的黄瓜酶，有很强的生物活性，能有效地促进机体的新陈代谢。用黄瓜捣汁或者切片涂擦皮肤，有润肤，舒展皱纹等功效，因为黄瓜的药性是凉的，所以对于夏季的皮肤燥热，有很好的滋润作用，这也正是很多女士选择用黄瓜来护肤的原因。

但是，黄瓜不适合脾胃虚弱的人吃，脾本来就怕凉，吃黄瓜很容易伤到脾，总之，肚子痛拉肚子，或者因为肺寒而咳嗽的人都应该少吃或者不吃黄瓜。《滇南本草》里就说了："动寒痰，胃冷者食之，腹痛吐泻。"

芹菜泻肝胃之热

我们在菜市场里，每天都会见到芹菜，但是我们不会想到，芹菜也有它自己的性味归经，如果我们掌握了这些知识，就能利用它来调整我们的身体。那么，芹菜到底是调理我们身体的哪部分呢？原来，芹菜性凉，味甘，入肺、胃、肝经，可以清热除烦，又能平肝气，清胃火，凉血止血。大便秘结和高血压的人都可以多吃。这里我需要告诉大家的是，芹菜最主要的作用是入肝经，这是我们要抓住的重点。

当我们身体肝风内动的时候，就会出现头晕脑涨，面红目赤的情况，如果量血压，就会发现血压升高了，此时，如果我们食用芹菜，则可以起到平肝降压的作用。目前现代药理分析也证明了这一点，研究显示：芹菜含酸性的降压成分，对兔、犬静脉注射有明显降压作用；血管灌流，可使血管扩张；用主动脉弓灌流法，它能对抗烟碱、山梗茶碱引起的升压反应，并可引起降压。临床对于原发性、妊娠性及更年期高血压均有疗效。

但是，这里有一个诀窍，如果芹菜加热的时间过长，它降血压的有效成分就会被破坏，所以我们可以把芹菜洗干净，用开水稍微的烫一下，然后凉拌，这样吃可以最大限度地保留其有效的成分。

芹菜人肝经的另外一个作用就是调月经。我们知道，妇女的肝经非常重要，胎、产、月经等都和肝经的疏泄有重要的联系，如果肝经有热，则会出现疏泄过度，导致月经时间过长，我就经常接到这样的咨询，问月经过期了可还是淋漓不断怎么办？其实，如果我们可以判断是血热引起的，就可以食用芹菜，因为芹菜有凉血止血的作用，古代的时候就用它来调经，所以这是一个药食同源之品，对于妇女的这种情况非常适合。我们知道了这些，在去菜市场的时候，面对那么多种菜，就可以知道在什么情况下应该买芹菜回来吃了。

另外要告诉大家的一个知识是：芹菜是疏通肠道的搬运工。我们现在吃的很多食物都是精加工的，里面的膳食纤维非常的少，这对我们是致命的一个威胁，尤其是爱吃肉的人。因为我们的肠道需要一定量的食物纤维，才能保持大便的通畅，如果食物纤维不足，大便就会留在肠道中，很多有毒物质都会被肠道吸收，这就是导致肠癌的一个重要原因。现在肠癌的发病率已经开始逐年递增，这和我们饮食结构的改变是有关系的。同时，这些被吸收了的有毒物质，也会导致我们身体其他系统的紊乱，现代医学认为，很多风湿类等免疫系统疾病，都和肠道吸收了过多的有毒物质相关，以前人们认为便秘没有什么大不了的，其实，您身体的一些顽疾，就是便秘引起的。而芹菜富含植物纤维，正是疏通肠道的最佳食物，它还可以加快粪便在肠内的运转时间，减少致癌物与结肠黏膜的接触达到预防结肠癌的目的；同时，芹菜经肠内消化会产生一种叫做木质素或肠内脂的物质，这类物质是一种抗氧化剂，高浓度时可抑制肠内细菌产生的致癌物质。

所以，无论从中医，还是从现代医学的角度来看，芹菜都是一个非常好的食物，希望大家加深对它的了解，让它为我们的健康服务。

上床萝卜下床姜

第四节　十大属阳的食物

生姜解表散寒

药王孙思邈说：“夫为医者，当须先洞晓病源，知其所犯，以食治之，食乃不愈，然后命药。”这段话的意思是，对于疾病，我们首选的治疗方法应该是食物，食物治疗不好，最后才选择药物。那么，如何来选择食物呢？第一步就是要弄清身体的状态，搞明白自己到底是阴虚内热，还是阳虚内寒，然后再弄清楚食物的阴阳寒热，最后，热则寒之，寒则热之，用食物的阴阳来调理身体的阴阳。

前面一节，我们介绍了十大属阴的食物，这一节将介绍十大属阳的食物。在十大属阳的食物中，排在第一的当属生姜。

生姜，味辛、性温、气味芳香而轻，是典型的属阳的食物。大家要记住，属阴的食物最大的特点是性寒性凉，味道偏苦，药性向下，当人体内的阳气太盛，内热太大之时，我们就可以用它来使身体内的阳气下降，从而达到阴阳平衡；而属阳的食物最大的特点是性温性热，味辛气轻，药性向上，它们的主要功能是让身体内的阳气上升，所以，当人体内的阴气太盛，内寒太大之时，我们就可以用它来提升阳气，温经散寒。

生姜最大的功能就是行阳散气，人们常说：“上床萝卜下床姜，不劳医生开药方。”意思就是，早晨是人体阳气上升的时候，姜是纯阳之物，这时，人吃了姜，就可以帮助阳气生发，推动气血运行，让人一天都精神振奋。不仅如此，由于生姜具有发散的作用，所以，当人们受了风寒之

生姜为呕逆圣药　男不离韭，女不离藕

时，就可以用生姜熬水，来驱散身体表面的寒气。与此同时，如果人受寒了，热胀冷缩，身体内的气就会凝固不动，这时人就会呕吐和呃逆，碰到这种情况，我常常让他们喝一些生姜水，因为生姜味辛、气轻，有很强的发散作用，能行阳散气，身体内凝固的气一散开，病自然就好了。所以，中医常说："生姜为呕逆圣药"。

需要注意的是，阴虚火旺，舌红苔黄或者目赤内热的人，最好不要吃姜。

韭菜补肾起阳

韭菜，又叫"起阳草"，光从这个名字里就可以看出，韭菜毫无疑问是"属阳"的食物。它性温，味辛，有补肾起阳的作用，因此，民间又有"男不离韭，女不离藕"的说法。韭菜属阳，所以适合男士吃，可以壮阳；藕属阴，因此适合女士吃，可以滋阴。

韭菜适合于寒性体质的人多食。但胃虚有热、阴虚火旺的人不适合吃韭菜。

韭菜适合春天食用，"春食香，夏食臭"。春天肝木风动，阳气生发，吃韭菜有利于补脾胃之气，补脾胃之气也就是补全身之气，有利于在春寒料峭的天气保持身体的阴阳平和。

小茴香暖下腹

小茴香是常用的香料，因为它能除去肉类的腥臭之气，增添肉食的香气，所以得名"茴香"，大家注意，茴香有两种：一为大茴香，一为小茴香。大茴香即我们说的八角，小茴香的形状好比谷粒。

小茴香，味辛，性温，归肝、肾、脾、胃经。它能温肝肾、暖脾胃，理气和中。奇妙的是，它还可以治疗疝气，也就是"小肠气"，为此，还留下了一段佳话。

相传，清朝末年，俄罗斯的富商米哈伊洛夫正在游览西湖，就在他陶醉于江南美景之时，疝气不合时宜地发作了，直疼得米哈伊洛夫抱着肚子大喊大叫。遇见这种紧急情况，富商的随行医生毫无办法。船夫赶紧向他推荐了一位老中医。老中医来了以后，用一两小茴香研成碎末，让病人用绍兴黄酒送服下去，约莫过了二十分钟，米哈伊洛夫忽然觉得不那么疼了，再过了一会儿就完全不疼了。他还以为中医给他用了什么稀世珍药，结果一问，是小茴香，他连称神奇。

原来，小茴香可以散寒止痛，和胃理气，而疝气，也叫小肠气，主要是因为寒气积邪于小肠之间，才导致小腹疼痛，睾丸胀痛。小茴香味辛性温，正好具有驱散脾胃和小肠寒气的功能，所以，它治好了俄罗斯富商的疝气。由于小茴香有温暖下腹的作用，如果女性朋友遇到寒凉导致的痛经时，也可以用小茴香煎水喝。

小茴香一般是针对寒证，如果是胃、肾多火，小肠多热的人，使用了小茴香，反而会加重症状，因此，体内有热毒的人禁用小茴香。

川椒驱寒祛湿

说起川椒，北方人可能会愣一下，什么是川椒呢？没听说过呀。其实，它的俗名就是花椒。产于秦地的叫秦椒，产于蜀地的叫川椒。川椒，味辛，性热，有毒，当然，这是指花椒生的时候，“川椒，闭口者杀人”。

川椒，大热纯阳，可以入脾、胃、肺、肾诸经，能够温脾胃，补命门，散阴寒，驱蛔虫，止疼痛，燥风湿，作用非常多。

用川椒煮水泡脚可以燥湿驱寒，著名中医施今墨的养生习惯就是每晚必用花椒水泡脚，道理就是，花椒水能祛湿散寒，温脾胃，补命门。脾胃是后天之本，命门是先天之本，温先天之本，补后天之本，这是固本培元的重要方法，而湿邪若是进入了身体，是最难祛除的，久了就会变成终生不去的病。所以，施今墨先生摸准了这些要害，给自己琢磨出了这样一个养生的方法——煮花椒水泡脚。

建议大家也坚持使用这个方法，尤其是南方的朋友，一定要用。因为南方雨水多，湿气重。说到祛湿，这里还不能不提一下辣椒，南方人爱吃辣子，不光是他们的口味喜好，更是他们的生活需要，可以帮助燥湿御寒，保持体内阴阳的和谐。但是有些南方人到了北方，依然爱吃辣椒，后来发现不妥了，原来不长痘痘的，现在吃了辣椒，鼻子发红，脸上长痘。这都是因为环境变了，原来吃辣椒能祛湿气，现在北方本来就干燥，吃了以后只能是增加身体的热和燥，脾胃之火上来了，所以痘痘也跟着冒出来了。一样的道理，北方人在炒菜的时候，花椒一定要少放，否则，只能促使身体寒热失调。阴虚火旺的人，还有孕妇也不要吃花椒。

胡椒温中散寒

胡椒是辛热纯阳之物，如果体寒，吃了可以驱寒，但如果体热或容易患热病的人吃了，那就会动火伤气，加重病情。

李时珍在《本草纲目》里写过：时珍自小就特别喜欢吃胡椒，达到了酷爱的程度，结果年年都得眼病，当时也没有怀疑到是胡椒的问题，后来慢慢就知道了，于是咬牙改掉了这个习惯，眼病也就好了。胡椒为什么会有这些特点呢？就是因为它能引动体内阳气的生发。辛味走气，热性助火，所以，凡是咽喉肿痛、牙疼和有眼疾的人一定要忌食胡椒。

吃药要对症，吃饭也要对症，胡椒对体内有热的人不宜，但对于体寒的人则是最好的药。胡椒能温中散寒，壮肾气，如果是胃寒、腹泻、虚冷的人，可以适当吃些胡椒。

同时，胡椒具有开胃的作用，我曾经写过明代医学家张景岳，在治疗自己的儿子时，明明知道需要温补，可小孩子就是服不下去药，结果急得团团转，怎么办呢？最后他想到的办法就是用胡椒粉，泡在粥里，给孩子喝，结果孩子果然胃口打开，可以服药了，终于得救。

在今天，我们也可以这样用，如果在某段时间胃口不好，尤其是受凉引起的，就可以在做菜的时候，放人一点胡椒粉，这样可以帮助我们打开

血糖，南瓜山药 苦瓜

胃口，增进食欲。

南瓜温补脾气

南瓜、苦瓜、胡萝卜、番茄、大蒜、黑木耳，被称为“蔬中六友”，其中前面提到的苦瓜是属阴的，番茄和黑木耳也是属阴的，南瓜和大蒜是属阳的，胡萝卜是属于平性的。

南瓜性温，味道甘美，入脾胃两经，可以补中益气，对于脾虚气弱的人很有补益作用。对于糖尿病患者，南瓜是一种很好的蔬菜，因为它可以阻止血糖的迅速升高与降低，有稳定病情的作用，这和中医论述的补脾有相通之处。

我的母亲就曾经血糖偏高，当时我们没有采用服药的方法调理，而是全部采用食物疗法，就是吃山药和南瓜、苦瓜，平时经常用它们做菜，结果，血糖控制得非常好，已经很多年了，现在仍控制在正常的范围之内。我们做南瓜的方法很简单，就是将南瓜切成几块，放在锅里面蒸熟即可，味道甜甜的，很好吃。

但是一向体质偏热或有胃热的人应该少食。南瓜补气，所以，患气滞湿阻的人也要不吃或者少吃南瓜。

南瓜不要多吃，多吃以后，一容易引发脚气，二容易引发黄疸。中医本来是讲究以色补色的，南瓜色黄，吃多了却会得黄疸。我就见过这么一件事情，一个女孩儿特别爱吃南瓜，每天必喝南瓜粥，结果一段时间以后，她发现自己皮肤变黄，手掌心也变黄了，以为自己得了肝病，结果到医院一检查，没有问题。医生询问来去，最后，发现她就是南瓜吃得太多了。

香菜散寒行气

出去聚餐的时候，服务员常会特别问一下，您吃香菜吗？有人赶紧说，要；有人赶紧摇摇头，不要，不要。爱吃的人，不用知道其好处他也爱吃，不爱吃的人呢，说不定知道了它的好处，就可以接受它的味道了。

香菜，因为可以提香，所以得名“香菜”，在北方俗称“芫荽”，是人们经常食用的香料类蔬菜。香菜的香味儿，有刺激性，可以解表散寒，尤其对外感风寒的人，能起到驱寒发汗的作用。这一点，香菜和葱白的作用相似。

《本草纲目》认为：香菜辛温香窜，内通心脾，外达四肢，可以辟不正之气，行心脾正气。

但因为香菜能动气，所以是发物，吃了以后容易导致旧病复发。

另外，特别提醒，有胡臭的人不能食用香菜，有口臭的人也不宜食用香菜，食用了以后，问题会加剧。就算是体质平和的人也不宜多吃，多吃会影响视力，并且损耗阴阳之气。

栗子温补脾肾

栗子是属阳的食物，很补，它的补益作用甚至能和当归、人参、黄芪媲美，但吃多了，容易导致脾胃积热。

栗子性温，味甘，人脾、胃、肾三经，在民间有“铁杆庄稼”、“木本粮食”的美称。对于脾胃虚寒的人来说，它可以益气健脾，厚补胃肠。而且，栗子还有补肾的功能，古时候，人们又把栗子叫做肾之果，如果老年人因为肾虚导致腰酸背痛的话，也可以吃它来补益，但一定不要吃多，栗子这东西就是“生极难化，熟易滞气”，可见，凡事都要讲究个适当和分寸。

洋葱发散表寒

大葱、大蒜，还有洋葱，很多人不太喜欢，原因主要是怕它的味道，吃完以后，说话别人都躲着，所以很多人拒绝吃洋葱。而且切洋葱的时候，还会眼泪直流。不过在国外，洋葱可是被誉为“菜中皇后”。大家也能发现，西餐里很多时候都会用到洋葱。

我们可以总结一下，凡是像辣椒、川椒、胡椒、洋葱、大葱、大蒜这些味道辛辣、气味刺激的食物，大都是属阳的食物，吃后可以引动体内的阳气。《黄帝内经》说：“辛散、酸收、甘缓、苦坚、咸软。”辛辣的气味具有发散的作用，所以，它能鼓动阳气，发汗解表。如果是外感风寒，用它们来驱寒非常有效。

洋葱味甘，微辛，性温，入肝、脾、。肾、肺经，具有温中通阳、理气和中、健脾进食的功效。不过，它最主要的作用还是发散风寒，如果你感冒了，觉得冷，可是又不出汗，这时就可以多吃点洋葱，用洋葱熬水喝也可以，，你会发现，很快无汗和鼻塞不通的症状就能缓解。但是体热的人不适合吃洋葱，我认识一个朋友，他只要一吃洋葱，不管多少，吃完就会咳嗽，这是因为他体内有热，吃了洋葱，热上加热，当然就会咳嗽了。

大葱发表通阳

大葱味辛，性微温，有发表通阳的作用。俗话说：葱辣眼，蒜辣心，辣椒辣两头。葱的味道很有刺激性，这种辛辣的气味可以帮助人体将表寒清透出去，从而解除感冒发冷的症状。

用来治感冒的时候，我们通常是用葱的鳞茎部分，也就是平常所说的葱白。葱白归肺经和胃经，《本草经》认为葱白“主伤寒寒热，出汗中风”。感冒的时候，用葱白熬水，趁热喝，然后捂一点儿汗，鼻塞和发冷的症状就会缓解。民间偏方三根汤，即用葱根、白菜根、萝卜根煮汤的方子，也是用来治疗轻微感冒的，同样是起发散表寒的作用。

其实，我们中医很早就开始使用大葱了，张仲景就是使用葱白的高手。比如，在《伤寒论》里面，他就在好几处写到了葱白，最有名的是白通汤，葱白就是其中主要的一味药。这个方子是治疗少阴证的阴盛格阳之证的，此时人体内部阴寒偏盛，把虚阳格拒于外，是个危急证候，张仲景就用葱白来通上彻下，破阴阳格拒的格局，从而使阳气来复，阴阳调和。明白了这个道理，我们就懂了为什么国人做菜总是放葱花，其实味道好是一方面，另一方面是它可以起到通调气机、宣通阴阳的作用，这就是我们老祖宗的聪明之处。生活中处处蕴含养生之理，我们不可不知啊。

问答：

舒筋散问：

“薏米性微凉，如果脾胃过于虚寒、四肢怕冷较重的人，还是不太适合的。”——这是中里巴人推介薏米时说的，不知罗先生以为对否？

罗博士答：

脾胃过于虚寒的人，可以用炒薏苡仁，一般情况下，在用药的过程中，薏苡仁很少单独使用，多是和其他的药物配合使用，所以偏性多能被校正，比如和白蔻仁一起用，白蔻仁的温热之性就校正了薏苡仁的微寒之性，这是中医用方之妙。所以我认为可以这样说：如果是阳虚之人，一般不要单独使用薏苡仁，以防止伤阳，但是可以和其他药物配合使用。

其实，薏苡仁最主要的使用指征是必须有湿气，如果大便燥结，毫无湿气可言，就不能用薏苡仁了。

新浪网友问：

罗老师，您好！请问老人感冒久咳怎么办呀？我们这些子女都长期在外地，电话里听到心都碎了，又帮不上忙，她现在只有黄痰和咳嗽，其余没有什么症状，都咳了半个月了，有什么安全的食疗的方法吗？感谢！

罗博士答：

朋友，有黄痰说明体内还是有热，一定要清除，可以用些枇杷叶、浙贝母、连翘等药，应请当地的医生给把把关，我觉得这三味药应该是可以用的。咳嗽并不可怕，主要是要把热清掉。咳嗽也不是一两天就能痊愈的，只要认准痰黄，使用清热化痰的药物，方向就不会错，等黄痰清掉以后，用点杏仁等降肺气的食物就可以了。

新浪网友问：

枇杷叶、浙贝母 连翘

博士，孕妇体内湿重，大便不成形，可以吃什么调理？杏仁露吗？

罗博士答：

朋友，孕妇最好不服用药物，如果体内湿气重，可以多晒太阳，增加一点运动量，以晒太阳为主，以此来振奋阳气；阳气振奋了，就可以把湿气去掉，这是最自然的方法了。

新浪网友问：

罗博士好，我女儿今年八岁，一个月前患感冒留下个病根，就是咳嗽不断。吃了很多药，咳嗽总断不了根。您在《养生堂》中讲酸石榴止咳后，我给孩子用了一下，结果，喝了两次就好了，非常感谢罗老师，不知道石榴原来还有这么大的作用！

罗博士答：

很多人问我："酸石榴为什么会有那么大的作用呢？"我借这个机会来讲一讲。酸石榴治病，关键在于一个"酸"字。中医说："辛散、酸收、甘缓、苦坚、咸软。"意思是酸味有收敛的作用。酸石榴因为它酸，所以可以收摄肺气，治疗肺虚咳嗽；一般久咳，咳的时间长了，肺气就虚了，这时用酸石榴很管用。由于酸石榴有收涩的作用，所以，它还可以止泻，比如秋天天一凉，小儿腹泻多，就可以把石榴连皮一起捣烂，喝这个汁，效果不错。

第六章
身体寒热不均，调理各有绝招

凡是外感病，第一时间的反应非常重要，如果刚刚发现感冒迹象，就马上采取措施，那很快就可以将病堵回去。我一再提醒大家，外感病的最初阶段很重要，就像着火了，刚刚有个小火苗，浇一杯水或者拿衣服一扑，它就灭了；如果等到整个屋子都烧起来了，甭犹豫，快跑吧，除了消防队谁都灭不了它。

第一节　石膏粳米汤：最快最有效的退烧方法

这两天很多人问我：“罗博士，你看我得的是风热感冒还是风寒感冒?”我被他们弄得哭笑不得，看来他们都不了解我对感冒的看法。其实，风热和风寒我认为只是感冒的不同阶段，很多时候两者还是同时存在的，往往是在体表为风寒，邪气进入体内是风热，外寒内热的现象大多数时候是同时存在的。

感冒时，虽然大多数人都是外寒内热，但治疗的时候，还是得根据具体的情况有所调整。举个例子，内热如果很重的话，患者会发烧不退，这时候就得加一味清内热的药，它就是生石膏。

前两天有位朋友发烧，去了协和医院，医生大致判断他是“甲流”，但说现在“甲流”太多，不做检测了，只给他开了罗红霉素和双黄连，让他回家休养。回家后，他烧到了三十九度左右，来电话问我怎么办，我就向他推荐了石膏粳米汤。我让他去药店买生石膏十五克（量不算大)，然后用一把大米和它一起熬，等米熟了，就喝那个米汤。一般烧过了三十八度的人可以使用这个方法，三十八度以下就不用了。

这位朋友下午服用了生石膏米汤（注意不要用熟石膏)，结果到了晚上，体温就正常了，后来也没有再烧过。

民国名医张锡纯就特别善用石膏。

张锡纯自己说：“生石膏治温病初得，其脉浮而有力，身体壮热。并治一切感冒初得，身不恶寒而心中发热者。”他的石膏粳米汤一方，用起来真是如有神助。

1916 年，各地爆发了护国运动。就在这一年正月的上旬，张锡纯随部队巡防营调动，从广平移师到德州。

他们是在邯郸上的火车，从南向北进发，当时正值冬天，正月里，天气寒冷，而那个时候调动部队用的火车都很破，连车窗都是破的，冷风从车窗吹人，寒风彻骨，结果等到了德州的时候，同行的有五六个人都病了。

这些人是什么症状呢？发烧，但是一点汗也没有。

这是什么病啊？正是中医所说的伤寒，也就是风寒感冒，原因是被冷风吹到了。开始的时候，先是身上冷，如果这个时候没有加以控制，则会人内化热，变成身上高热、发烧、心烦，一般还有出汗的症状。

张锡纯看这些士兵都不出汗，身上发热，就明白了。患者不出汗，这是寒邪仍然郁闭于肌表；身上发热，这是寒邪进人体内。这些患者是典型的外寒内热。怎么办呢？于是，他就想了一个办法——用生石膏和粳米熬汤。。生石膏用二两，压成细末，粳米就是我们吃的大米，用二两半，这叫石膏粳米汤，是张锡纯自已创立的方子。大家看，生石膏是透内热的，它可以将热邪从里面清透出去；大米熬成的米汤趁热喝下，借着这股热气，可以让身体出汗，驱散体表的寒气；同时粳米还可以调和胃气，既不让生石膏伤了胃，又能让生石膏的药性逗留于胃中，可以更长时间地发挥作用。

这些十兵喝了热米汤后，出了一身汗，病就都痊愈了。

张锡纯一生用石膏粳米汤治好的病人有数千之多。

还有一次，张锡纯到了沈阳，沈阳县知事朱霭亭的夫人，患了温病，非常厉害，朱霭亭听说过张锡纯，于是就求他给看看。

张锡纯到了一看，这位夫人头下枕着一个冰袋，头上又悬着一个冰袋，顿时愣了，问这是干什么呢？

朱霭亭说在这之前，请了日本的医生，他们用这种方法来退热。

张锡纯忙问，见效了吗？回答是没有。此时，这位朱夫人已经闭着眼睛，昏沉沉像是在睡觉，大声呼喊没有任何反应。诊她的脉，是洪大无伦，按下去很有力。

张锡纯说：“这是阳明府热，已经到达极点了，外面再用冰敷，热已经向里面走了。”

朱霭亭急了，忙问还有救吗？张锡纯回答，还可以抢救。

于是，他就用生石膏四两、粳米八钱，熬出了四茶杯汤，然后慢慢地灌了下去。

结果，这个药刚喝完，患者就苏醒了，然后，张锡纯开了个清郁热的方子，两剂下去病人就痊愈了。

朱霭亭这个惊异啊，心想，这个人的本领太大了，连忙命令自己的公子朱良佐，立刻拜张锡纯为师。

这个石膏粳米汤，我现在就经常用，一般情况十几克基本就够了；如果发烧严重，可以让当地的医生帮助斟酌一下分量。

第二节　一杯苏叶水：感冒发冷时的神药

凡是外感病，第一时间的反应非常重要，如果刚刚发现感冒迹象，就马上采取措施，那很快就可以将病堵回去。我一再提醒大家，外感病的最初阶段很重要，就像着火了，刚刚有个小火苗，浇一杯水或者拿衣服一扑，它就灭了；如果等到整个屋子都烧起来了，甭犹豫，快跑吧，除了消防队谁都灭不了它。

感冒的最初阶段，一定是发冷。这分两种情况：一种是空气寒冷导致的；另外一种是病毒导致的。但无论如何，只要一觉得寒冷，就要立刻让身体温暖过来，这是防治感冒的第一个重要阶段。我的方法是喝苏叶水，也可以用苏叶水泡脚，只要身体一出汗，驱散了外寒，警报也就解除了。

那我们就来说说这个苏叶吧。

我的老家东北有很多朝鲜族同胞，他们开的餐馆非常火暴，有时候客人都要在门口排队等。记得我在中学的时候，有一次随家人到一家朝鲜族的餐馆吃饭，席间，烤牛肉上来了，旁边还放着一个小草筐，里面摆放着整整齐齐的绿叶子，服务员告诉我们，烤好的牛肉，要蘸上佐料，然后用这个叶子包着吃。

我只吃了一口，就放不下了，直到今天我还认为，这是我吃过的最好吃的东西了，简直是人间美味啊！那种植物的清香无可比拟。

那么，这个叶子是什么呢？它就是苏叶。苏叶其实就是食物，是朝鲜族日常食用的一种蔬菜，他们用它制作咸菜，或者生吃。当时我怎么也没有想到，很多年以后，我会学习中医，然后会用这个苏叶给大家调理身体。

苏叶又叫紫苏叶，全国几乎任何地方都有，我们家的窗前就长了很多，自从我知道它后，经常摘来洗干净了吃。苏叶的具体作用是：发表，散寒，理气，和营。它性味辛温，是属“阳”的药物。苏叶的味道非常特别，含有一些挥发物质，比如紫苏醛等，我们现在也无法搞清楚它的味道是如何形成的，但是这并不妨碍我们用它来调理身体。

那么，该怎么用它来养生呢？

《本草化义》中说：“紫苏叶，为发生之物，辛温能散，气薄能通，味薄发泄，专解肌发表，疗伤风伤寒……凡属表症，放邪气出路之要药也。”这段话说出了苏叶的一个重要用途。我们受寒了，会感觉身上发冷，流清鼻涕，打喷嚏，这都是肌体要防御但力不从心的状态。这个时候怎么办呢？就要立刻动员身体的防御体系，振奋体表的机能。用什么来动员呢？我通常就用苏叶，每次三五克，用开水泡几分钟，然后喝下去。没多久，您就会感觉自己身上热了，开始微微出汗，感冒的症状慢慢消失了。这是因为苏叶刺激了我们的气血，产生了足够的抵抗力，把外邪给控制住了。

这里面的要点是，苏叶的挥发物质在起作用，所以，我们不能长时间地熬苏叶，这样会破坏挥发物质。通常是用开水泡，或者开锅两三分钟就可以了。

还有一个要点，就是不能空腹服用，那样元气不足，就无法发汗了，一定要在肚子里面有食物的时候，才能用发汗的方法来调理身体。

还有一个方法，就是在喝苏叶水的同时，也可以弄一盆热水，把剩下的苏叶水倒入里面泡脚，这样身体会温暖得更快。

这个方法我告诉了很多人，很多朋友都因此受益。我自己也经常用，比如哪一天下大雨了，自己在风雨中走来，裤子都湿了，鞋里面也都是水，回到家里，我就会用苏叶水来泡脚，很快就暖了过来，这是一种保养自己的方法。

第三节　生姜：最简便的驱寒食物

姜分为干姜、生姜、煨姜、姜皮、炮姜等。干姜并不是生姜直接晒干而成，姜最早的根茎叫母姜，这个母姜晒干叫干姜。如果母姜放入地下，发芽，长出其他的根茎，这些当年生的茎块，叫生姜。生姜不是母姜，民间有一句俗语“姜还是老的辣”，说的就是母姜。而生姜的辛辣之性比干姜要差一点，生姜以发散为主。

生姜是我们做菜的主要佐料，孔子就很喜欢吃姜，其后很多文人也都热爱姜，苏东坡说，长吃生姜还有延年益寿的作用。

生姜既是居家过日子必不可少的调味品，又是物美价廉、随手可用的保健品。据研究，生姜含有姜醇等挥发油，对胃酸、胃液的分泌有双向调节作用，可增进食欲，促使肠道蠕动，消除肠胀气。所以民间有谚语说：“早上三片姜，胜过饮参汤。”“每天三片姜，不劳医生开处方。”当然，严格来说，有热证的人还是不适合吃姜的。

生姜味辛、性温，归肺、脾、胃经。功效解表散寒、温中健胃止呕、化痰止咳。这是什么意思呢？第一，生姜可以解表散寒。如果我们被冷风吹到了，切几片姜熬水，喝下去身上立刻就会温暖起来，甚至会出汗，这样寒邪就被排出了，这叫解表散寒。

第二，生姜可以止呕。如果是脾胃不和引起的呕逆，尤其是寒性的呕逆，弄点姜汁喝下去，就可以止呕，效果非常好。姜汁的做法是这样的，把生姜捣碎，兑人一点水搅拌，然后把汁沥出，这就是姜汁了。并不是把生姜放人搅拌机中搅碎榨汁才算姜汁。

第三，生姜可以化痰止咳。如果因寒导致咳嗽或者有寒痰，这时加入生姜，效果不错。《伤寒论》里一共用生姜三十九次，基本上都是用来散寒、止呕、化痰的。

这里，给大家介绍一个养生方法——

冬天空气特别寒冷，我们早晨起来上班，走得急，就会吸一肚子的冷气，有的人甚至会明显觉得胃难受，怎样应对这种情况呢？大家可以在出门的时候含片生姜，让唾液慢慢地跟姜汁混合，然后咽下，最后把姜片慢慢地嚼碎、吐掉或者咽下。这样就可使前胸保持一股暖气，不受外面风寒的影响。这个方法不是我自己编出来的，《本草纲目》里面记载说："早行山行，宜含一块，不犯雾露清湿之气及山岚瘴气。"

干姜和生姜不同，生姜发散的性质比较突出，有发汗的作用；干姜发汗的作用不明显，但它却是一味温里的良药。中医里面有句话，叫"附子非干姜不热"，《伤寒论》中著名的温阳方子四逆汤，就是附子和干姜搭配，用来回阳救逆，此方是中医里面的一个派别——火神派的利器。火神派的一些大师，经常用这个四逆汤来救人于危重。如果病人危重，阳气虚微，正气根本无法驱邪外出，这个时候使用四逆汤，可以振奋人的阳气，使患者出现生机。

冬天里，有时我们穿得少了，风会直接吹到肚子上，尤其是在室外时间长了，我们的肚子很容易受寒，这往往会引起肚子痛，有的女士会更严重一些，这时候家里如果有干姜粉，就可以冲服一点，能起到暖中的作用。于姜粉超市就有卖的，购买很方便，一般冲服一次就可以了。同时用热水泡泡脚，可以很快缓解受寒的症状。

第四节 羊肉汤：最好喝的驱寒药

前几天，在北京电视台的拍摄现场，我在台上讲中药，等到中间休息，制片人突然招呼我，表情很紧张，说有人病重，我吃了一惊，忙走下去问怎么了。

原来，现场一位负责技术的工作人员，病得不轻，挺不住了，这才找我。这位工作人员身体疲惫，说话无力，额头很热，但不知道发烧多少度，当时，他的眼皮有些发肿，舌质淡，苔薄白，脉紧，身上发冷，冷得胳膊都抱在一起。但是嗓子不痛，也不咳嗽。

这种情况很明确，他受了寒邪，这是冬天最突出的一种邪气，而且他的表现非常典型。

很多人感冒最突出的症状就是怕冷，中医叫恶寒，一般是无汗。在中医里面，恶寒和畏寒不同，被寒邪侵袭导致的恶寒，是盖上被子加上衣服以后还感觉冷，这是实邪；如果穿上衣服，就不冷了，这是畏寒，是阳虚的表现。

那么，此时该怎么处理呢？

我以前说过，可以用苏叶熬水的办法把寒邪从体内驱散出去。但那是在一般的天气下，偶然感寒，寒邪并不严重，而且只是在体表，所以用苏叶就可以了。这次的情况不同，这是一个极端寒冷的季节，寒邪往往直接深入。

这位朋友的寒邪很厉害，脸都青了，我分析寒邪已经不完全在体表了，他整个人都感觉从里到外的冷，这说明寒邪已经进入体内。

此时，最好的办法就是让他的身体温暖起来，让气血运行正常起来，这样就能够抵抗邪气了。我出了一个食疗的方法——让他赶快回家熬肉汤，里面放一些干姜、生姜、胡椒粉等温热的调料，然后喝汤。我问他还能自己回家吗？他说可以，就一个人拖着疲惫的身体回家了。我再次上场，接着录制节目，前后不过五分钟时间，录制现场的二百多位观众都没有察觉。

那么，喝肉汤到底管不管用呢？

过了两天，又看见了他，人已经神采奕奕的了，我问：‘好了？”

他笑着回答：“肉汤真好喝。”

这是什么道理呢？

不知道大家是否还记得，我在讲朱丹溪的故事时，提到过朱丹溪的老师罗知悌。他给一个和尚治病，和尚的身体虚弱不堪，他就让朱丹溪去买猪肚和牛肉，熬汤给这个和尚喝，结果和尚就慢慢地缓过来了，这个时候，他才使用攻下的方法驱除邪气。

这又是为什么呢？原来，这些肉汤可以增强我们的体质，比如羊肉，金元四大家之一的李东垣就说：“羊肉，甘热，能补血之虚，有形之物也，能补有形肌肉之气。”故曰：“补可去弱。”

在寒邪严重的时候，正气不足的人很容易受寒，因此，必须补足正气，也就是增加体能才能抗邪外出。这和其他季节偶尔感寒，邪在体表，用点儿苏叶是不同的，此时情况更严重，所以需要更强的力量，才能驱邪外出。

肉汤里加入干姜，是用干姜来振奋脾阳，使体内温暖，取的是理中汤的方意，加入胡椒粉也是这个作用。像这种极端寒冷的天气，寒邪往往会进入足太阴脾经，甚至是足少阴肾经，区别是：在脾经的寒邪，往往脾胃症状明显，肚子冷痛，容易腹泻等；进入肾经的寒邪，往往表现为人很困倦，大白天就想睡觉，术语叫“但欲寐”，这在中医叫太少两感（太阳少阴同病）。

熬肉汤，选牛羊肉为好（朝鲜族可以用狗肉），以羊肉为最合适。以羊肉入药的方子，如张仲景的当归生姜羊肉汤，就是用来治疗血虚有寒的；以牛肉入药，最著名的是朱丹溪的倒仓法，这个倒仓法我在书里讲过，后世很多医家都从朱丹溪这里，悟出了不少牛肉的用法，说它主要是入脾经的。猪肉是滋阴的，所以并不适合。

这是一个食疗的思路，效果很好，一般喝下去后，全身温暖，精力变充足，很快可以汗出而愈。如果大家遇到了寒邪侵袭，在不那么严重，可以用食疗的方法自己调理一下。

这种方法，用得越早越好，在感觉寒冷的第一时间用上才最有效。

需要注意的是，此时患者还没有咽喉肿痛等内热证，主要就是一个全身冷的症状。如果病情发展到舌苔干黄、痰黄、鼻涕黄、咽喉红肿热痛的时候，则需要配合清热解毒来处理。

第五节　三仁汤：祛暑湿最灵验的方子

总有朋友问我：为什么你老是写感冒？难道你只会治疗感冒？

是啊，为什么我老是写感冒呢？

这源于我在学医之初的切身经历。

我的老家在东北，天气冷，每到流感季节，整个城市估计会有几十万人患感冒，走在商场里，鼻子声重的人随处可见，医院打点滴的地方要排队等候。

当时看到流感肆虐，我很着急，于是找了一位著名的《伤寒论》专家，希望能研究流感给政府提供资讯，结果老专家笑笑，不置可否。

最没面子的是，我自己感冒的时候也很迷惑，一感冒，我就拿着教科书开始分析，自己是风寒感冒还是风热感冒，结果等到感冒好了，也没分析出来。

大家可不要小瞧这个感冒啊，人类医学史上最霸道的敌人就是感冒了。在经历了很长时间的思考后，我觉得，医学工作者首先要知道如何治疗感冒，这是第一步功课，然后才有资格去治疗其他的疾病。

那么，中医是怎么认识这些外来的疾病的呢？

传统的中医认为，世界上有六种邪气，叫风、寒、暑、湿、燥、火，其中风、寒、湿偏重于阴，暑、燥、火偏重于阳。这些邪气侵入人体，就会致病，包括感冒。这六种邪气我们称它为六淫，意思是，这六种东西本来是大自然的正常现象，叫六气，但如果过分了（淫是过分的意思），就会造成人体的阴阳失调，人体阴阳一失调，病邪就来了，因此，只要我们控制住这六淫，使身体正常运转，那疾病就会离开我们。

然而，这六种邪气并不是单一地向人体发动进攻，它们常常会狼狈为奸，结伴而行，比如风和湿结合在人体内形成风湿；比如风和寒结合在人体内形成风寒；比如寒和湿结合形成寒湿……这里我们主要来讲一下，湿和暑结合在体内形成的暑湿。

一遇到又闷又热又湿的天气，体内往往就会有暑湿，此时一感冒，便会形成暑湿感冒。这种感冒与一般的感冒不同。一般的感冒只是热或寒一种，暑湿感冒除了热之外，还有一个湿。怎么来对付这种感冒呢？我选择三仁汤。

三仁汤，就是杏仁、白蔻仁、薏苡仁这“三仁”，加上半夏、竹叶、厚朴、通草这几味药。如果舌苔黄，也可以加入少量的黄芩、黄连，三五克就可以了。

这个方子里的“三仁”都是祛湿的，其中杏仁开肺气，中医认为肺为水之上源；白蔻仁开中焦之气；薏苡仁泻下焦水湿。水湿一去，身体自己就恢复了。根据我的体会，这种感冒用三仁汤以后，恢复得极其迅速，往往一两天就可以解决问题了。

另外，在暑湿的天气里面，就算我们再怎么口渴，也不要无度地饮水，尤其是冰水，最好是喝常温的水。而且在暑湿的天气里，很多心肺功能不好的人会觉得很难受，甚至犯病；还有一些患皮肤病的人，此时也会旧病复发，这都是因为暑湿捣乱的缘故。

这个时候，我们就要想办法祛除暑湿。

暑与湿结合在一起是很难处理的，但只要我们把湿气去掉，依附在湿气上的暑气也就无所依托了。具体的养生方法是——

首先，在做饭的时候，大家可以放入一把薏米，也就是薏苡仁，这个药其实也是粮食，古代都是给皇上吃的米，它有祛除湿气的作用。同时，在喝饮料的时候，可以选择杏仁露，因为杏仁是开肺气的食物，肺气一开，全身的气机就都流通了，那么水湿也很容易散去。

其次，可以买点白蔻仁，药店和菜市场都有卖的，回家后拿出几个，捣开，炒菜的时候放进去，也可以起到行气化湿的作用。

如果暑湿天出现了感冒，那很可能就是暑湿感冒，自己可以对着镜子观察舌苔，如果发现舌苔突然变得白厚或者白苔满布，这就说明湿气重了，可以找医生商量一下，看看是否该用三仁汤。

对于桑拿天出现的皮肤病，三仁汤的疗效也非常好。

有位朋友在桑拿天的时候，胳膊上出现了很多红点，一片片的，在皮肤中若隐若现，很恐怖，他自己不知道这是怎么回事，涂抹了药膏也无效。根据天气的特征，我给他开了三仁汤，后来他自己说，服药后出了一身的汗，第二天这些红点就消失了。

需要注意的是，在暑湿的天气里，大家都容易贪凉，很多风湿病就是在这时患上的，因为此时毛孔开张，身体很容易吸进空气中的湿寒之气。

另外，这些祛湿的方子孕妇不能服用，如果服用，需要医生具体指导，因为有些药的药性是下行的，大家自己无法判断。

第六节　瘦猪肉炖莲藕：暑热天的救命汤

一到了热天，全国各地的高温此起彼伏，北京有那么几天也热得快到四十度了，我甚至觉得，在北京生活和在上海生活没多大的区别，都是一个温度嘛。

那么，在这种天气里，我们要注意些什么呢？又该如何安全度过这样的天气呢？

首先，我们要知道这种天气到底有哪些特点。

热跟热是不同的，为什么呢？因为，中医对节气的变化很重视，同样是热，但随着节气的不同，会出现两个叫法，在夏至以前，那是温；在夏至以后，性质就变了，就叫暑了。《黄帝内经》说："先夏至日者为病温，后夏至日者为病暑。"所以，我们在定义外感六淫的时候，对这个暑邪的定义就是："凡夏至之后，立秋以前，具有炎热、升散、兼湿特性的外邪，称为暑邪。"7 暑为阳邪，是盛夏炎热的火热之气所化，阳邪最容易伤害的就是阴津。这个时候阴虚的人就开始感觉不舒服了；而阳虚的人，反而觉得很舒服。有好几个患者跟我说："北京天热，别人都受不了，我怎么就觉得那么舒服呢？"我说："你原本阳气不足啊。"

阴虚的人在盛夏时非常难受，因为体内的阴津本来就不足，此时又开始大量出汗，热气熏蒸，结果导致身体很不舒服，有的人开始脾气烦躁，有的人血压升高，本来有病的开始出现病情反复。

那此时我们该怎么办呢？该如何补充自己的阴津呢？

首先，拼命喝水是不可取的。这个时候，许多人大量喝水，觉得越多越好、越凉越好，结果，导致自己体内水湿过剩，从而导致了一系列问题。

其实，补充津液的办法要巧，我们可以从食疗人手。

有很多种食物是可以滋补阴津的，比如瘦猪肉（不要排骨肉）。很多肉类都是聚湿生痰的，但猪肉如果拿来熬汤，却可以滋阴，这是清朝温病学家王孟英发现的。他发现铁匠大夏天面对火炉子，挥汗如雨地干活，居然还不感觉口渴，这是怎么回事儿呢？仔细一问，原来人家用瘦猪肉熬水，撇去上面的浮沫，然后喝汤，就能止渴。

因此，我们在做饭的时候，可以用一点瘦猪肉，比如一二两的分量；再放入一段切好的莲藕，藕是凉血滋阴的；如果条件允许的话，还可以放入十克的生地黄（因为生地滋阴凉血）；最后还可以放人几片西瓜皮里面贴着绿皮的白瓤（这在中医里面叫西瓜翠衣，也是清暑的好东西），然后熬汤。这样，等熬出来的汤放温了以后，就可以作为佐餐汤来喝了。

在烈日炎炎的夏天，这的确是很好的选择。

问答：

老怪问：

我夏天早上一般是两片姜，随早饭送下，秋天可否继续？

罗博士答：

朋友，我觉得无故也不能天天吃姜吧，王孟英的医案里曾经记录过一个书生，他看到孔子有“不撤姜食”之语，就天天吃姜，最后导致内热很重。吃不吃姜，吃多少，怎么吃，我想关键要看自己身体的状态，在一段时间里面，如果阳气不足，可以用点，如果很平和，就不用刻意服用了。

千雪问：

罗大，您好！我买了您的书《这才是中医》，每天看看，很有帮助。

请问，还在哺乳期的妈妈发烧，可以用石膏粳米汤退烧吗？如果可以．服药期间可以继续哺乳吗？因为我家宝宝是一定要吃夜奶的，上次发烧，硬挺着没敢吃药，烧了五天，太难受了。

罗博士答：

朋友，抱歉，我看到您的问题时，估计您已经退烧了，现在我写出来给以后的朋友看吧。哺乳期的妇女可以服用生石膏，《神农本草经》的记载中说，生石膏是有利于产乳的，“其性尤纯良可知”。这就说明生石膏不但无害，反而有利，因为如果哺乳期的女性有实热，会阻碍乳汁的产生，此时使用生石膏，可以清热，有利于乳汁的产生。

YuLangzshx 问：

罗大哥，石膏粳米汤这篇文章太及时了！我女儿前几天高烧四十度，血常规显示白细胞很高，已用了抗生素，但退烧时只能用百服宁。百服宁服用了当时退烧，但基本上四五个小时以后，发烧又卷土重来，典型的治标不治本，因此我就想请教一下中医退烧的方法，恰在这时，我看到了您的这篇文章。您书上说：“生石膏是透内热的，能够把热邪从里面清透出去。”还听说羚羊角也可以退烧，您在《这才是中医》一书中提到羚羊角时说：“此药药性平和，能够把体内的大热透发出来，同时还能解毒。”请问这两种退烧方法有何区别？如何选择？如果是五六岁的孩子，用量是多少？

罗博士答：

朋友，羚羊角透热是在遇到有风动迹象的时候，一般以肝经风动为主，这种情况不常遇到。所谓风动，就是有抽搐、目上翻等现象；而产生一般的热都可以用生石膏，按照张锡纯的说法，生石膏只是凉药，并不寒，孩子一般用十克就可以了。但是千万不可用煅石膏，那是另外的药了。希望在当地医生指导下使用。

第七章
调理气血的简单方法

生脉饮补气不上火；龙眼肉补心血最简单；归脾丸补脾血最好；蚯蚓可以治脑血栓和痔疮；鸡内金最能消积化淤。

第一节　生脉饮：最不上火的补气法

一提到补气，大家都会想到人参。用人参泡酒喝，这是最方便的补气方法。拿两根生晒参，放在五十度左右的酒里，这样人参的药力在泡的过程中会不断释放进酒里，泡两个月左右，就可以喝了。人参的生命力很强，一般植物的活细胞都会被酒杀灭，无法再生长，但很多人参在酒瓶里面还会发芽。

人参酒适用于气虚的人。这种人总是感觉没有力气，面色发白，动辄气喘，白天容易出汗。如果气虚之人又兼阴虚，可以在酒里放入麦冬五十克，以矫正人参的药性。用人参补气有个问题，就是容易上火。就拿人参叶来说吧，吃了也会补气。有一次我们门口的超市，上了一批特种蔬菜，有紫背天葵什么的，还有人参叶，售货员介绍说可以涮火锅吃。我很好奇，就买了一盒，然后回家煮了吃，本来是当菜吃的，结果头晕了一天，为什么？补气补过火了。这下我有体会了，人参叶也是药性很大的，于是赶快告诉超市，不要乱卖了，这个东西有的人吃了会出问题的。人参叶尚且如此，可想而知，人参补气过了火，人更受不了。

其实，用人参来补气，有一个不上火的方子，叫生脉饮。这个生脉饮，也叫生脉散。在清宫里面，打乾隆开始，皇帝们都服用人参，其中以乾隆服用得最多。有的年头，乾隆几乎每天都用。

一般人服用人参就上火，为什么乾隆服用这么多人参，却不上火呢？

原来，乾隆服用人参是有讲究的，他用的方子叫生脉散，包含人参、麦冬、五味子三味药。

生脉散是怎么来的呢？

这个生脉散是金元四大家之一的大医李东垣创立的。

李东垣在很多方子里面都用人参、麦冬、五味子这三味药，他说："热伤元气，以人参、麦门冬、五味子生脉。脉者，元气也，人参之甘，补元气、泻热火也；麦门冬之苦寒，补水之源而清肃燥金也；五味子之酸以泻火，补庚大肠与肺金也。"这段话，说明了李东垣创立这个方子的初衷。现在各位去任何一家药店，都可以见到生脉口服液，在任何一家医院包括西医医院，都可以在病房里面的点滴瓶中见到参麦注射液。在一些心脏疾病的救治中，参麦制剂起到了很大的作用，它可以迅速地补足心气，稳定病情。

但大家不要以为这个药只是救急用的，李东垣创立这个方子的意思是，如果夏天的时候，天太热，人的心气和心阴受到影响，气阴两虚，就可以用这个方子补充气阴，帮助身体恢复。

所以，在夏天天热的时候，大家如果觉得心烦口渴、四肢无力、自汗不止，就可以买一盒生脉饮，按照说明书喝一点，症状很快就会得到缓解。

需要提醒的是：生脉饮一般有两种，一种是用人参来制作的，通常是红参，这个药性稍微大一些，效果比较好，主要是症状严重时用；另外一种是用党参制作的，这个在药盒上会有所标注，它药力平缓一些，可以作保健用。

除了夏天热伤元气，其他的季节，如果我们因为劳神过度，损伤了心气，出现心烦心慌、口干舌燥、四肢无力、动辄出汗、面色发白等情况，这也是心的气阴耗伤过大，这时候，也可以服用一点生脉饮来补养一下。

乾隆皇帝也是这样，他很勤奋，每天起得很早，要处理很多事情，所以御医们及时地给他配了生脉散。其中麦冬是寒凉的，制约了人参的热；五味子可以收敛心气，同时补肺和大肠。这个方子乾隆服用以后，认为非常好，于是常年服用。有的时候，他把方子里面的五味子也去掉，只留人参和麦冬。

关于乾隆用药的比例我特意翻阅了清宫档案，大致的分量是人参一钱、麦冬两钱、五味子一钱，有的时候不要五味子，御医们会根据比例调整分量，个别的时候麦冬会变到三钱或者一钱。

在乾隆的御医看来，这个方子就不是用来治病的，而是保健的。从清官档案来看，乾隆常年服用生脉饮，尤其是他老年的时候，更是坚持每天服用，一直到八十九岁驾崩。虽然乾隆长寿的原因很多，但生脉饮对他的养生确实起到了一定的作用。

我给大家举个例子，秋天的时候，有位朋友来找我，说她老公最近心慌，检查了很多次，但总确定不了是什么病。后来我见到了这位先生，一看就知道他是个气虚的状态，原因是秋日骄阳似火，太燥，伤了阴气；同时他劳心太多，心神失养。有了结论，我就告诉他服用生脉饮，药店买的那种就可以，他欣然照办。结果，没多久，我就接到消息，说他的身体已经复原了。

值得注意的是，服用人参的时候，最好不要服用萝卜，传统认为萝卜可以解人参的药性，那样人参就白吃了。

第二节　龙眼肉：补心血最简单的方法

人一气虚，常常会感到疲乏无力、胸闷气短、腰膝酸软、食欲不振，怎么来补气呢？我向大家介绍了最不上火的补气法——生脉饮。那么，如果一个人血虚又该怎么办呢？人一血虚，常常就会面色萎黄、手足发麻、头晕眼花、心悸失眠。《黄帝内经》说："心主血，肝藏血。"所以，血虚常常会出现在心和肝上。血不养心，人就会惊悸怔忡，失眠多梦如何来调理呢？可以用龙眼肉。

龙眼肉大家都很熟悉，在商场里我们可以看到干的龙眼，还有一袋袋的龙眼肉，药店里也有同样的龙眼肉，甜甜的，味道很美。有人会问："不是良药苦口吗？这么好吃的龙眼肉怎么能补心血？"下面，我就给大家介绍一下民国名医张锡纯用龙眼肉补心血的故事。

张锡纯认为龙眼肉可以"滋生心血"、"滋补脾血"，所以，遇到心脾血虚的患者时，他常常会用龙眼肉。

一天，一位少年来找张锡纯，这位少年心中怔忡，夜不能寐。怔忡是中医的术语，它是心悸的一个症状，心悸就是心里面突然一阵发作性的猛跳，甚至不能自主，这叫心悸。心悸分为惊悸和怔忡两种：惊悸多是惊恐、恼怒等暂时的原因引起的，身体一般没有什么大毛病；而怔忡则是自己觉得心悸不安，尤其在劳累后容易发作，一些朋友有体会，就是感觉心中一阵乱跳。怔忡又分虚实两种，虚证往往是血虚引起的。

张锡纯给这个少年诊脉，发现"其脉弦硬微数"，就明白这是"心脾血液短少"，于是张锡纯给出了一个小方子，大家可能都想不到，这居然是一个食疗的方子，非常简单——用饭锅将龙眼肉蒸熟，没事儿的时候随便吃一点。结果，吃了一斤多龙眼肉之后，“病遂除根”。

原来，这位少年心脏失调的原因就是血亏。如果血不养心，那心脏一定会出问题，这就好比是一个液压的机器，里面本来应该是有液体的，可是，您现在给消耗得太多了，液体不够用，那么机器的运转一定会出现问题，怎么办呢？补足心血。

心血消耗的原因有几种，其中很普遍的一种是思虑过度。中医认为，一个人如果想问题想得太多了，这叫思虑过度，会耗伤心血。这在生活中经常可以见到，比如，最近做一个工程特别忙，每天都在思考问题，殚精竭虑，那心血耗伤得就很严重。该怎么补心血呢？一个比较好的药物，就是龙眼肉。

我给大家举个我身边的例子。

有一天，一位大姐来找我，说她的丈夫最近心脏出了问题，很不舒服，检查结果是严重的心律不齐。他们家距我家不远，见面后，我给诊脉，发现他就是心血不足。于是，我让他用龙眼肉来养心血，再配合一点西洋参。

龙眼肉配西洋参是清朝名医王孟英的方子，叫“玉灵膏”。王孟英认为龙眼肉微热，需要用西洋参配合，因为西洋参滋阴，是凉的，可以制住龙眼肉的温热，具体的比例可以是十份的龙眼肉，配一份的西洋参。

后来，这位大姐每次遇到我都说，她丈夫恢复得非常好，心脏一点问题都没有了。每次看到她的笑脸，我都会觉得非常欣慰。

像心血不足这种情况，在白领、知识分子和参加考试的学生中，非常普遍。他们要补充心血，就可以选用龙眼肉。

龙眼肉还有一个很重要的作用——补脾血。

这里我们说到的故事，仍然和张锡纯有关。当时，有一个六七岁的小孩，大便下血，数月不愈，服药也没有任何效果，最后家长找到了张锡纯。张锡纯认为，这是脾不统血的缘故，他让家长给孩子服用蒸熟的龙眼肉，每天吃一两左右。对孩子来说，这也不受罪，因为太好吃了，很喜欢吃。最后，吃了十来天，孩子就痊愈了。

脾是负责统水和统血的，脾不统血到底是怎么回事呢？“脾不统血”往往是脾气虚弱，不能摄血，导致血不循经。我可以打个比方，如果你用绳子绑了一个沙袋，然后抡起来，让沙袋围着你的手绕圈，这个时候，你的手要用力把绳子握在手里，沙袋才不至于飞出去。手就好比是我们的脾，沙袋好比是我们的血液，脾要有力气才能统摄血液，让它在正常的轨道中运行，如果您松手了，这好比是脾气虚了，会怎样呢？沙袋嗖的一声飞走了，这就相当于血液跑出经脉的正常轨道，出血了。有些妇女月经淋漓不断，有的是因为有热，有的就是因为脾不统血。该如何来调理呢？方法自然是补脾。

第三节　归脾丸：补脾血最好的药

心血亏虚，我们可以服用龙眼肉，如果脾血亏虚，我们该怎么办呢？我给大家介绍一个中成药：归脾丸。归脾丸在每个药店里基本都有卖的，但我们往往不知道它是干什么用的，我介绍一下，这样大家就能有个了解了。

我先从一个例子讲起吧。

那是很多年前的事儿了，当时，有个家长找到我，要我给她的儿子治疗肾病。这个小孩八九岁，我一看他，就吓了一跳。这个孩子一脸的病色，满脸呈现出一种枯萎的黄色，中医叫萎黄，那种土黄的颜色我们在生活中很难见到，一见之下真觉得有些害怕。当时这个孩子是肾小球肾炎，尿检蛋白很高，在西医院住院，用了激素以后，得到了一点控制，但改善不大。西医最后劝他出院，找中医调理吧。

开始我怀疑他的肝有问题，因为脸这么黄，孩子的母亲说："西医也这么怀疑，但检查结果没有异常。"

这个孩子的脉是洪大的，来势汹汹，我心里想，这么大的热啊！于是，赶紧给开方凉血活血。开了七副药，希望可以清除他体内的热。结果，七天后，没有任何效果。这让我非常痛苦，我觉得不能耽误人家了，当时差点说另请高明吧。这时候，一位老中医提醒我："病了这么久了，应该不是实证啊。"

这句话点醒了梦中人，我再细诊脉，这个孩子的脉表面洪大，重按无力，再看脸色，分明的萎黄，这是脾血亏虚至极啊。

那什么药物可以滋养脾血呢？我想到了归脾丸。我告诉家长，让孩子服用中药汤剂的同时也服用归脾丸，一边开始撤激素，每撤一次激素，服用归脾丸的药量就随之增加一点。结果，孩子再来的时候，我吃惊地发现，他脸上的萎黄已经基本消失了！当时一走廊的人纷纷出来看，都说这个孩子“活过来了”。

后来，他到西医院复查的时候，西医的主治医生也非常惊奇，说这是怎么变过来的？家长说中医给调理的。其实这就是小小归脾丸的功劳。

归脾丸的方子是：党参、白术（炒）、炙黄芪、炙甘草、茯苓、远志、酸枣仁（炒）、龙眼肉、当归、木香、大枣（去核）。’主治：1. 心脾气血两虚证。心悸怔忡，健忘失眠，盗汗虚热，体倦食少，面色萎黄，舌淡，苔薄白，脉细弱。

2. 脾不统血证。便血，皮下紫癜，妇女崩漏，月经超前，量多色淡或淋漓不止，舌淡，脉细者。

归脾丸治病的道理在哪里呢？

首先，方子里面上来就包含着四君子汤，这是补气的，再加上补气的黄芪，乍一看，大家一定会觉得归脾丸是补气的方子，但在方剂学里面，归脾汤确实是补血的。

这要从气和血的关系谈起，中医认为，气属阳，血属阴。气和血的关系，就像是白天和黑夜一样，谁都离不开谁，它们俩是互生的，气生血，血生气，大家看到我们八卦图中的阴阳鱼了吧，气和血也是这么抱在一起的。

高明的中医自然明白这个道理，当他想补血的时候，往往会考虑这个人的气是否不足，如果不足，单单补血那是不够的。因为血之化源不足，怎么补血都没有后劲。

而补气，其实主要就是补脾气。脾主气，跟气的关系密切。今天我们说“脾气”的时候，主要是指“发脾气”，这个词是怎么演化来的，值得研究一下。仔细想想，一个人要发火，确实需要脾气足，才有力气发火。

脾胃为后天生化之源，气血都是从脾胃吸收食物的营养物质转化来的，所以，要想养血，一定要调理好脾胃，这就是归脾丸高明的地方。

但是，更高的还在后面呢！

方子叫“归脾丸”，意思很明确，是对着脾去的，可是里面还加入了龙眼肉、酸枣仁、当归等养血的药啊，尤其还有宁心安神的远志，这是为什么啊？

原来，这就是心脾同治的方法，高手出招就是如此。方子里面养血的药物，其实都是奔着心经去的，为什么呢？因为血液耗伤的一个主要的原因，就是思虑过度，耗伤心血。估计大家都有体会，比如最近工作压力大了，要连夜整理文件，每天焦虑地思考，最后一定会感觉心血不足，出现健忘、失眠、心悸等问题，这就是明显的耗伤心血的例子。

所以，要想养血，就要把这个漏洞给补上，否则总是心神不宁，这个血就容易耗伤，因此方子里面就加入了远志、酸枣仁和龙眼肉，这样，心血补足了，我们的血液就会更好地生发和保存了。

我给前面那个小孩子调理身体时，用的归脾丸的量非常小，小小的水丸，我只让他每次吃四丸。结果效果出奇的好，这说明中药贵在对症，未必需要那么大的量。

那么这个方子为什么叫“归脾”呢？

这是说，要把脾所管理的水、血等物质，都重新归脾管理。

在中医里面，脾的功能很多，除了吸收食物精微物质外，还有运化水液和统血的作用。比如，血液在经脉中运行，要靠气的推动，如果脾虚、气不足，那么血液就会跑出经脉，这叫“脾不统血”。很多妇女的血证，比如崩漏等都和“脾不统血”有关。而归脾汤（归脾丸）就是治疗脾不统血的一个主要的方剂。

脾还负责运化水液，水在体内的运行和脾有很大的关系。脾属土，我们常说“水来土掩”，所以，管理水的部门一定有脾。

我举个比较典型的例子。一位朋友的母亲小便不禁，总是不知不觉中尿就出来了，很尴尬，就找我去给看看。我去了一看，老太太的手都肿了，手上没有皱纹，都是鼓的。同时，她晚上睡眠不好，老做梦，都是稀奇古怪的梦。于是我明白了，这就是心脾两虚的问题，心血不足，血不养心，所以会梦多；水肿，这是脾虚不能运化水液的缘故；遗尿，也是因为脾气不足，不能固摄水液了。我说您用归脾丸吧。结果，几天以后，老太太诸证皆愈，好了。这就是脾气足了，能够管理水了，所以不再遗尿了；水能正常地运化出去了，水肿也好了。

大家看，小小的归脾丸确实蕴涵了许多精妙的道理。

第四节　蚯蚓治疗脑血栓：化淤血最神奇的方法

蚯蚓俗称曲蟮，它在中药里面有一个响当当的名字：地龙。

小小的地龙对我们的身体有什么作用呢?

在介绍地龙的作用之前，先让我们了解一下西医与中医看待药物的思路。西医对待药物的方式是化验分析其成分，看它究竟是由什么东西构成的，化验到最后会得出碳水化合物多少、蛋白质多少、酶多少等。然而，中医与西医不一样，中医对待药物的方式不是化验，而是整体地去观察它的生长环境、生活习性、生长时间、颜色形状以及味道。比如虫草这味药，它生长在海拔3800米以上的雪山草甸，冬天它是虫子，在地表二至三厘米的地方，头朝上尾朝下；到了夏天，虫子的头部会长出一根紫红色的小草，高约二至三厘米，顶端有菠萝状的囊壳，这时虫子又变成了一棵草。所以，这味药又有一个名字叫“冬虫夏草”。如果用西医的方式来看待冬虫夏草，结论就是：它含有虫草酸7%，碳水化合物28．9%，脂肪约8．4%，蛋白质约25%。大家看它的成分，似乎也没什么特别的，于是有些人便开始怀疑它的药用价值。那么，中医是如何看待虫草的呢？中医认为虫草是一味非常独特的药，因为冬天和夏天几乎是对立的，就像水火不相容一样，然而虫草却能贯通冬夏二气，将夏气和冬气统一在一起，所以，它是世间罕见的珍品。中医认为虫草入肺肾二经，既能补肺阴，又能补肾阳，是唯一一种能同时平衡、调节阴阳的中药。

中医没有西医那么多的化验设备，神农氏判断药性的唯一方法，就是尝，尝什么呢？尝的就是味道。辛散、酸收、甘缓、苦坚、咸软。味道能整体反映出药物的性能，所以中医里有“性味”一说。除此之外，就是看药物的生长环境和特性，比如竹子喜阴，那它就会有清热的作用；比如穿山甲能在地底下打洞，那它就一定会有攻坚散淤、治痹通络的作用。

现在，让我们用中医看待药物的方式来看一看蚯蚓吧！

蚯蚓喜欢潮湿的泥土，干燥的泥土中不会有蚯蚓的影子；蚯蚓的身体有时候变得细长，有时候变得短粗；蚯蚓的身体被截成几段后，它还可以重生；蚯蚓，在泥土中能波浪式的向前穿行，它是耕耘土壤的大力士。那么，如果人们将蚯蚓做成药，它进入人的身体内会怎样呢？我们可以来想象一下：这种药进人血液之后，走着走着，突然发现路有些堵塞，于是它就会本能地发挥特长，想方设法穿越过去，这样一来，堵塞的路就会被疏通。因此，在中医里面，地龙具有通络化淤的作用。

人如果患了脑血栓、脑梗死、脑卒中、冠心病等心脑血管栓塞性疾病，就可以服用地龙。什么是栓塞性疾病呢？栓塞性疾病就是血淤，气血不能正常运行。此时，地龙进入身体，它仍会像在土壤里耕耘一样，不遗余力地向前穿行，久而久之，淤血的地方就会被疏通。我常用的方法是，让人们去中药店买一些地龙，磨成粉，泡水喝。

第五节　蚯蚓治痔疮：我家最重要的秘方

十人九痔，所以很多网友来信问我，得了痔疮怎么办。

痔疮是一个很奇怪的病，只有人类才有，据说这和人的直立行走有关，是局部血液循环不畅引起的。您看，动物是爬着走的，血液到了臀部，很容易就平着回流了，但人却站起来了，血液循环到了臀部，却需要向上回流，这样压力多大啊，现在很多学者都认为，这是痔疮发病的一个主要原因。痔疮的分类很多，开始时一般是内痔，然后出现外痔，这两者合起来叫混合痔，还有的是肛瘘等，也都被混叫为痔疮。实际上肛瘘是炎症消失后，造成的瘘管，把直肠和外界直接接通了。治疗痔疮，西医采用手术的方法，直接切掉它，这种方法可以根除，但是比较痛苦。我去肛肠医院的时候，患者对我说："每次换药都像上刑啊，下辈子都不希望再来一次了。"现在还有一种电切术，先打麻药再用电把痔疮烧掉，但是术后也很痛苦。

我们家以前是祖传的中医肛肠科，有一个治疗痔疮的秘方——蚯蚓治痔疮。对于单纯的内痔或者外痔、混合痔，用蚯蚓来治很有效。去药店买地龙五十克，让药店给研成粉末，装入胶囊，每次服用六颗，早晚各一次。还可以将地龙磨粉，跟两倍于药物体积的瘦猪肉馅儿搅拌，不要放佐料，包成饺子，蒸熟，每次吃七至十个，一日两次。可以蘸佐料吃，味道虽然怪些，但是效果不错。连吃四五天，就可以达到收缩痔疮的效果。大家不必惊讶，地龙在国外某些地区就是食物，做菜常用。

我曾在博客上公布过蚯蚓治痔疮的秘方，很多网友用过之后得到了解脱，这令我非常欣慰。

我在北京电视台《养生堂》节目中也讲过这个方子，开始的时候，母亲对我很不满意，说："家里的方子，一个一个都被你说出去了。"于是，我就坐下来，跟母亲说："你也不出诊了，那么多的患者都很痛苦，怎么办呢？"母亲想了想，叹口气："说就说吧，可以使更多的人不痛苦了。"

在这里，感谢母亲的体谅。过去的老中医，为了让自己的后代有饭吃，都会留些秘方；现在，母亲支持我讲出来这些方子，是为了让患者减少痛苦。

第六节　鸡内金：最能消积化淤的食物

你知道吗，世界上哪种动物的胃最坚强？有的人可能会说是老虎，有的人可能会说狮子，但正确的答案则是鸡。

我记得小时候，家里养了一只鸡，这只鸡老在荒坡上觅食，它不停地啄食散落在地上的玉米，突然，我发现这只鸡啄进了一粒石子，接着又啄进了一粒，甚至连玻璃碴儿也啄进去了，我想这下坏了，这只鸡要完了。我左等右等，却发现它安然无恙，一点问题也没有，心里便产生了疑问："人吃进了石子和玻璃碴儿一定会肚子疼，为什么鸡吃了之后却没事呢？"

后来，过节的时候母亲杀这只鸡，我便去看它的胃。哇噻，它的胃沉甸甸的，一刀切开，里面全是未消化的玉米和豌豆，还有不少石头子和玻璃碴儿。母亲将胃里面一层黄色的膜撕下来，对我说："这是鸡内金，一味非常好的药，如果你消化不良，吃上一点，就会好。"这时我恍然大悟，原来鸡的胃之所以这么厉害，全靠这个鸡内金啊。

再后来，我读博士的时候，自己做实验，把鸡内金在锅里加热，最后焦了，变成了溶液样的物体，我把它放到碗里面晾凉，结果贴着碗壁的部分，形成了黑色的玻璃状的结构，很是奇怪。原来，鸡内金不是肉类的东西，实际上它的成分很复杂，至于是什么成分，很难说清楚。现代药理研究发现，人口服鸡内金后胃液分泌量、酸度及消化力均见增高。

然而，真正领略到鸡内金的厉害，是在我读民国名医张锡纯的著作之后。张锡纯认为鸡内金能消积，无论脏腑何处有积，它都能消除；不仅如此，鸡内金在消积的同时，还可以活血化淤。

读张锡纯用鸡内金治病的医案，就像读金庸的武侠小说一样，令人心潮澎湃。普普通通的鸡内金，在他手里却发挥了巨大的威力。

我们来看看张锡纯是如何运用鸡内金的吧。

民国时沈阳城西龚庆玲，三十岁，胃脘有硬物堵塞，已经好几年了，饮食减少，感觉吃什么东西都“不能下行”。他听说有个叫张锡纯的人，在沈阳建立了中国第一家中医院，马上跑到了张锡纯的中医院，来求治。

张锡纯给他诊脉，其脉象沉而微弦，右边尤其如此。张锡纯认为这是胃中有积，阻塞了气机的下降，胃气难以下行，于是给他开方子：鸡内金一两、生酒曲五钱。就这么一个简单的方子，一个鸡内金，是食物，一个酒曲，这个人们也熟悉，开完了方子，大家都不相信这能治病。

结果如何呢？那个年轻人服了几剂以后，硬物全消，好了。

还有一位叫秦兴恒的人，也是这个症状，经过很多医生治疗，毫无效果。张锡纯给开的方子也是鸡内金打底，再加入一些活血化淤的药物，结果他连服八剂后痊愈。这下这位秦兴恒高兴得不得了。当时人们有个习惯，就是有什么大事儿都登报声明，这是最隆重的表达方式了，这位秦星垣也是如此，病好以后，登报声明，感谢张锡纯。

大家看到了，这就是鸡内金消食化积的作用。那么，鸡内金还有哪些作用呢？

张锡纯认为鸡内金除了能消除胃中积滞，脏腑任何地方有积，它都可以消除。

奉天大东关有个人叫史仲埙，年近四十岁了，在黑龙江做一个警察署的署长，腹中有积聚，治疗了很长时间，没有效果，于是回奉天请张锡纯来治疗。张锡纯诊断出患者的左胁下有积聚，直径三寸，按之甚硬，经常疼痛，呃逆短气，饮食减少，脉象沉弦，这就是古代说的肝积肥气。于是他用鸡内金三两，柴胡一两，研成粉末，每次用一钱半，让患者日服三次。

这个方子还是很简单，只有两味药，因为病在身体的左侧，属肝气不升导致的疾病，所以用了柴胡来升肝气，并配合鸡内金化积。

效果如何呢？十多天以后，患者就痊愈了。

在张锡纯眼里，鸡内金还是一味妇科良药，经常拿来治疗闭经。张锡纯在治疗闭经时，很注重患者的脾胃功能，他认为只有脾胃调理好了，气血有了来源，月经才能来临，因此他常常使用鸡内金。因为鸡内金既可以化淤，又可以调理脾胃，是一药两用的路子，效果往往很好。

问答：

自投罗网问：

向罗老师请教淤血体质的食疗方法有哪些？喝山楂水可以吗？

罗博士答：

朋友，喝山楂水是一个办法；同时也可以用少量的丹参、桃仁、红花等泡水喝。当然，活血化淤最好每次的用药量不多，但坚持长用，这样一定会见到效果。有淤血也要注意是否有气虚等问题，还要注意淤血的程度，有的是久病入络，一般的红花等药物就不好用了，最好找个医生，具体分析，然后开个小方子。

新浪网友问：

罗老师，我头屑很多，并且都是大片大片的，请问怎么调治一下啊？

罗博士答：

朋友，可以用白芷这味中药每次九克，熬水，然后兑入温水洗头，几次就可以减少头皮屑，但最根本的一般还是要养血，因为这是血虚风燥的表现。中医认为，一个人的血虚以后，那么四肢百骸则无法被濡养，这样就会因为干燥而生风，容易出现一些皮屑等问题，因此头皮屑的根本治疗方法应该是养血熄风，但是，为了方便起见，可以用白芷熬水，先去表皮之风，这样也可以暂时缓解一下。

新浪网友问：

罗博士好，为什么我吃龙眼肉上火呢？

罗博士答：

龙眼肉的确是好东西，张锡纯说它味甘、气香、性平，液浓而润，是心脾要药。龙眼肉这么好，但一般嚼着吃就会上火，如果蒸着吃，会好些。最好的办法是跟西洋参搭配着吃，一凉一热，蒸烂蒸熟以后，药性就融合了，每天吃一小勺就行，这个搭配叫玉灵膏——一两龙眼肉搭配一钱西洋参。再教大家一个诀窍：挑龙眼肉，深红色的比浅红色的好，为什么呢？因为红色入心，深红色补心血效果更好些。再就是孕妇最好别吃，因为龙眼肉偏热，热动胎气，对孕妇不好。

新浪网友问：

罗博士好，小时候每当我饭量减少时，母亲就会将晒干了的鸡内金磨成粉，放进鸡蛋里，蒸熟了让我吃。吃几次后，饭量就会大增，我一直很奇怪，不知道是什么原因。看了罗博士的文章才恍然大悟，谢谢了。

罗博士答：

鸡内金的确是挺神奇的，它不但能消脾胃之积，脏腑任何地方有积，它都能化之。张锡纯就特别善用鸡内金，比如脏腑里有结块了，他一定会用鸡内金，因为它可以活血化淤，化掉包块。在用鸡内金的时候有个诀窍，如果脾胃比较弱，又需要化淤，这时候加上白术熬水喝，这是一对“对药”，一边泻一边补，防止通利太过伤着人。

第八章
人体里面有个圆，水火在中间

脾土左升，肝气和肾水都随着升；胃气右降，胆气和心火随着下降，这是不是一个左边升、右边降的圆圈呢？在这个圆圈里，脾胃一阴一阳，就是中心的轴，一切都是围绕着它们来转。所以，我们说：人体里面有个圆，水火在中间。

前面，我们说一切疾病皆源于阴阳失调，那只是泛泛而谈，落到实处就是这个圆运动。

第一节　心是火脏，肾是水脏

前面我们说过，人是由两种能量构成的，一种为阴，一种为阳。《黄帝内经》说："人生有形，不离阴阳。"那么，阴阳在人体内究竟是怎样一个状况呢？它们是如何运动的？有没有什么规律？

人们常用水火不容来形容两个相互矛盾的事物，的确如此：水性寒，火性热；水往低处流，火往高处蹿；水属阴，火属阳；火一碰上水，立刻就会熄灭，火大了，水就会被烧干。水与火是一对矛盾，似乎根本就无法调和。然而，物性并不等于人性。从物性的角度来看水与火是不相容的，但生命是一个奇迹，生命的伟大之处就在于它超越了物性，调和了水火，所以，从人性的角度来看，生命就是水与火的统一体。因为生命中有火，所以人的体温能维持在36．5度左右，不会太寒；因为生命中有水，所以人的体温只能维持在36．5度左右，不会太热。

那么，人体中的火是什么呢？水又是什么呢？

人体中的火就是心，心是人体的太阳，中医说："心为火脏，烛照万物。"意思是，心就像天空中的太阳一样，给大自然带来光明和温暖，如果失去了它，大地一片黑暗，万物就不复存在。如果人体中没有了太阳，血液流动就会停止，身体就会僵冷，生命就会消失。

人体中的水就是肾，肾是人体的水脏。万物生长靠太阳，雨露滋润禾苗壮，心像太阳一样给身体以温暖，肾像雨露一样给身体以滋润。在自然界中，雨水充足，树木就会生长；在人体中，肾水充沛，肝气才会升发。

那么，人体中的水火是如何统一，又是如何运动的呢？下面，我们就来具体看一看。

在人体里面，五脏六腑是上下分布的，首先肾在最下面，属水脏；心在上面属火脏。按照物性来说，火应该往上蹿，水应该往下流，但人体中的水火却与之相反，是水往上升，火往下降。《格致余论》说："人之有生，心为火居上，肾为水居下，水能升而火有降，一升一降，无有穷已，故生意存焉。"

人之所以有生命，就是因为水能上升，火能下降，循环不停，这样人才有了生意。

在宇宙中，拥有生命的星球并不多，我们地球之所以生意盎然，就是因为它遵循了水升火降的原则。大家看，天空中的太阳就是火，太阳光照射到海面，这就是火在下降；火降之后，阳光的热能把海水蒸发成了水蒸气，冉冉上升，在天空中形成了云，云降而为雨，水又回到了地面，正如《黄帝内经》所说："地气上为云，天气下为雨；雨出地气，云出天气。"天地之间，水火就是这样相生相克、不断循环才孕育出了世间无限的生机。

人体是个小宇宙，天地是个大人体，天之道也就是人之道。在人体内，心火下降，温暖肾水；肾水被温暖之后，就开始往上升，从而使脾得到温暖；脾温暖之后，脾气上升，将一部分营养物质送到肺脏，与吸人的空气中的精微物质结合，再由肺协助向全身输布。肾属水、脾属土、肝属木，肾水上承，脾土得到了温暖之后，肝也得到了营养，它也要开始发展了。大家看，有了水，有了土，有了温度，就像大地逢春一样，花草树木开始生长了。肝属木，树木得到营养之后会往上长，肝气的发展方向也是上升的，它随着脾土之气上升，中医有句话叫"肝随脾升，胆随胃降"。大家注意了，中医里肝脾之气都是从身体左边上升的。有人会说，肝不是在右边吗，怎么又跑在左边去了？中医这里说的是肝气，指肝的功能，是一个功能系统，不单是那个脏器。所以，人左边身体有病，常常是由肝脾之气上升不正常导致的，尤其是肝气。人的肝气不舒，左边胸部就会痛。肝属木，四季配春季，象征着万物生发。当脾脏和肝脏之气从左边上升到顶部之时，就会遇到心和肺。

心属火、肺属金，心配夏天、肺配秋天，心火的特点本来是向上的，但由于有肺脏的存在，心火被带着向下行。肺气的特点是收敛，主肃降，甭管夏天多热，遇到秋天，气机就开始往下降了。人体也是这样，心火遇见了肺气，就会掉头向下，一直降到肾中，温暖肾水，使得肾水不至于过寒。而肾水随着肝木上承，到达心火的位置，使得心火也不至于过热，这叫“水火既济”。

所以，如果这个往下降的过程被破坏了，那么心火就无法下降，憋在上面，大家就会看到上面热、下面寒的局面——口渴，眼睛红，口舌生疮；可下面的腿还是凉的。

在肺气下降的同时，人吃人的东西进入了胃，而后也是向下走的，所以胃气要下降。在中医里，脾为己土属阴，胃为戊土属阳，阳要下降，阴要上承才对。

在胃气下降的同时，胆气也随着下降，这就是我们说的“胆随胃降”。现在有好多的胃病，就是胃气上逆，胆汁反流，这都是气机逆行的结果。

各位还要注意，这个胃气和胆气的下降，是从右边下行的。

所以，如果人体的右边有病，就要考虑一下气机下行是否遇到了麻烦。

您现在再看看，脾土左升，肝气和肾水都随着升；胃气右降，胆气和心火随着下降，这是不是一个左边升、右边降的圆圈呢？

在这个圆圈里，脾胃一阴一阳，就是中心的轴，一切都是围绕着它们来转。所以，我们说：人体里面有个圆，水火在中间。

前面，我们说一切疾病皆源于阴阳失调，那只是泛泛而谈，落到实处就是这个圆运动。水属阴，火属阳，人体内阴阳的运动也就是水火的运动，恰如李中梓在《水火阴阳论》中所说：“人身之水火，即阴阳。”所以，我们说身体内阴阳失调，不仅仅是指阴阳在静态上量的失衡，而更多的是指阴阳在动态上运转的失衡。人们常说生命在于运动，其实，在我理解，这个运动不只是体育锻炼，更是身体内这个圆的运动。身体内的圆运动出了问题，人就会出问题，而体育运动的目的就是为了让体内的圆运动

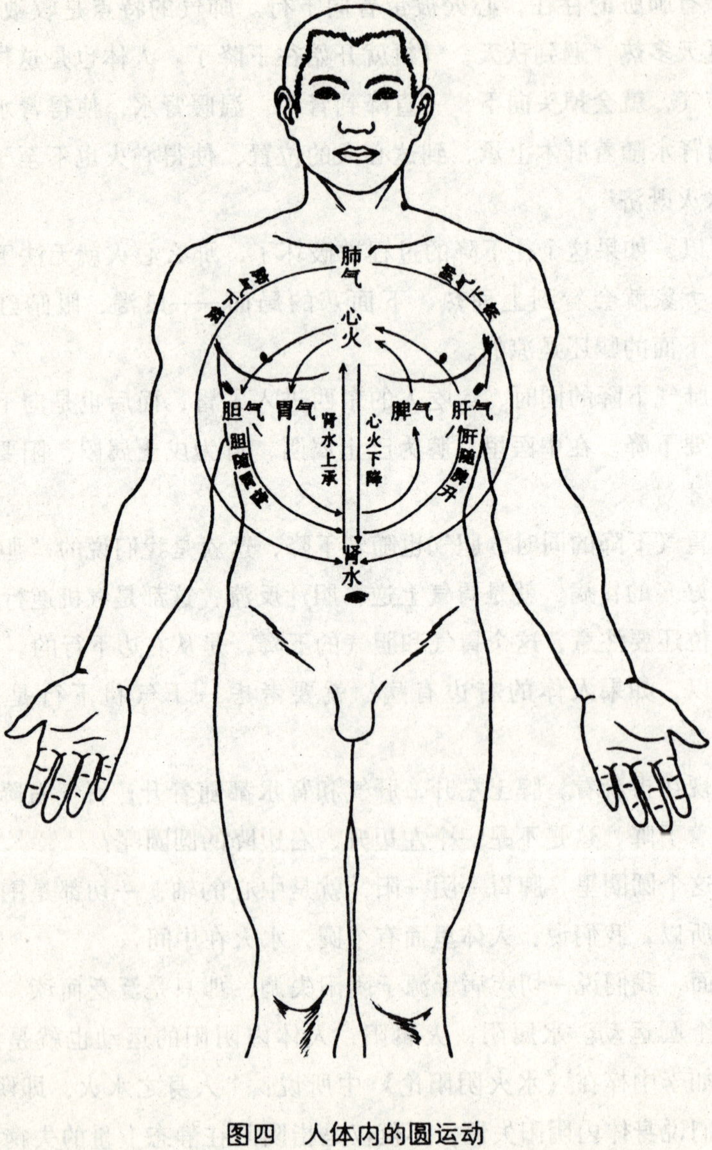

图四　人体内的圆运动

运转得更好。所以，一切疾病都可以归因于这个圆圈的运转失常，任何一个地方出问题，都会把圆圈的运动给“咔嚓”一下挡在了那里，圆圈不能转动了，身体就会出现问题，怎么办呢？这个时候就要使用药物、针灸、穴位按摩和锻炼等方法来调畅气机，让它们恢复上下运行，这样人体自己就会恢复健康。

那么该有人问了，这个圆圈有道理吗？能治病吗？

我还跟您说，中医神奇就神奇在这里，西安有一位老中医叫麻瑞亭，他就是用这个理论来养身治病。他有一个著名的方子，叫“下气汤”，是专门调和脾胃的，这位老人家一辈子基本就用这一个方子治病，来个患者，他就给调调方子，稍微做些加减，把气机这么一调，患者就好了。您看他的医案，那就是一个调升降，我感觉，他就是用药在人家的身上拨了一下，把这个不大转动的圆圈给重新启动了，结果麻老一辈子“活人无算”。尤其是有很多严重的血液病，还真都被他给治好了。

第二节　气血通不通，要看圆运动

五脏六腑的气血通不通畅，首先取决于人体内这个圆运动顺不顺畅。中医说血为气之母，气为血之帅，气行则血行，气止则血止。所以，气机不畅，血液的运动就不畅。肝气不舒，上升的环节出了问题，会影响人体内的圆运动；肺气不降，下降的环节出问题，也会影响人体内的圆运动；胃受寒了，胃气停留在那里不下降了，圆运动会停止；脾受湿了，脾气不升，圆运动也会停止。所以，气不畅，血就不通。圆运动正常了，人体就会一通百通。

去年冬天的一个清晨，我刚起床，突然接到一位朋友打来的电话，从他有气无力的声音里，就可以断定他病了。朋友说这么早打扰，真不好意思，不过也实在没办法了。

原来他头天晚上就开始肚子胀疼，到凌晨一点钟的时候，疼得实在忍受不了，便打车去了北京协和医院特需门诊。医生给做了 B 超，拍了片，还验了血，结果出来后，医生告诉他："放心吧！你没什么大问题，既不是胆囊炎，也不是肠梗阻。"医生的自信和先进的仪器让他的心放下了，但丝毫没减轻他腹部的疼痛。他恳求医生开药治疗他的腹痛，但医生告诉他开什么药都不会管用，输液效果也不会大，因为他的肠内已没有了肠气，西医拿这没有办法。他再三恳求，医生无奈地给他开了一盒开塞露。他付了一千多元的医疗费，拿着开塞露回了家，结果仍然无济于事。

朋友说，这一夜真是难熬呀，他在床上翻来滚去，豆大的汗珠不停地从额头上流下来。好不容易熬到了天亮，他才忍着疼痛给我打了电话。

我询问了一些情况后，觉得有几种可能，比如腹中有寒，或者是有些什么器质性病变……不过，北京协和医院的检查应该能排除器质性病变的可能，我心里不断地琢磨，他的疼痛究竟属于哪种呢？为了获得更多的信息，我对他说："你拍一组自己舌头的照片，上网传给我。"我一看到他的舌图，立刻就明白是怎么回事了，因为他的舌苔带着淡淡的黄色，尤其以舌的前半部分为多，这说明他的肺气壅滞，因为舌体的前半部分反映的是上半身的情况。如果是腹中有寒，那么整个舌质应该是淡白的，而舌苔也不应该呈现这种淡黄色。于是，我判断可以通过降肺气来通大肠之气。"肺与大肠相表里"，如果肺气不降，可能导致大肠之气也不通，他之所以胃痛，就是因为胃气不能随着肺气下降。我告诉他："这样吧！你去买两罐杏仁露，加热后喝下；再去药店买一盒麻仁润肠丸，一次吃两丸。"朋友听完我开的药方后，沉默了一会儿，从这短暂的沉默里，我觉到了他的怀疑，他心里肯定在嘀咕："我都疼成这样了，协和都没法治，难道两罐饮料和几粒药丸就能解决问题？"

大约三个小时后，我又接到了这位朋友的电话，从他疲惫的声音里我听出了兴奋和惊讶。他说照着我开的方子喝了杏仁露、吃了药，结果，几分钟后，肚子就开始咕噜咕噜地响，明显地感觉气在往下走；接着，就开始不停地放屁；打电话前几分钟，他终于在厕所里酣畅淋漓地解了大便，腹痛也减轻了。他还算了一笔账，一盒麻仁润肠丸十块钱，两罐杏仁露四块多钱，总共只花了十四块多钱。这么简单就解决了他的大问题。

为什么会这样神奇呢？所有的道理都在这个圆运动中。大家看，肺在这个圆圈的上面，主肃降，现在我这位朋友的肺气壅滞不降，那么整个圆圈的气机运行便出现了问题，所以他会感觉腹部疼痛；但肺气一降，心火和胃气也都跟着降下去了，这样气机就能转动起来，疼痛自然会消失。那用什么来降肺气呢？我选择的是杏仁露，因为当时还考虑熬汤药来不及。中医就这么神奇，服用麻仁润肠丸和杏仁饮料后，他的身体马上就有了反应，这不是麻仁润肠丸的作用，它的作用没有这么快，一般要几个小时以后才能起作用，这次真正起作用的，是那两听小小的杏仁露。

第三节　圆运动的好坏决定身体的好坏

《黄帝内经》说："正气内存，邪不可干。"一个人如果有了充足的正气，就好比给身体穿上了铁布衫，戴上了金钟罩，百病不侵。为什么有些人三天两头生病，就是因为他们的正气不足；为什么另一些人很少生病，并不是因为运气好，外邪不进攻他们，而是因为他们的正气充足。

那么，人的正气究竟是从哪里来的呢？正气来自于身体内的圆运动。大家知道电风扇之所以能产生风，就是因为它能做圆的转动，如果它不转动了，风也就没有了。同样的道理，人体之所以有正气，也是因为身体内部有个圆运动。就像风扇的转动能产生风一样，身体内的圆运动能够产生正气。所以，一个人身体内的圆运动正常，身体的正气就足；相反，圆运动出了问题，正气减弱，许多疾病就会乘虚而人。我们就以儿童抽动综合征为例来说明一下。

儿童抽动综合征主要表现为不自主的刻板动作，例如频繁地眨眼、做鬼脸、摇头、耸肩，做出咳嗽声、清嗓声等。这种孩子一般都脾气急躁。西医治疗儿童抽动综合征主要是控制症状，一般采用氟哌啶醇和泰必利等药，这些药有很大的副作用。其实，儿童之所以会患这种病，就是因为身体内的圆运动出了问题。我们身体内的圆运动遵循着水升火降的原则——首先，。肾水上承，温暖脾土，滋润肝木，接着，脾气上升，肝木升发，于是，圆运动就开始了。

不难看出，圆运动从左边上升有三个环节：一是肾水上承；二是脾气上升；三是肝木升发。这三个环节中任何一个环节出了问题，都会影响身体内的圆运动。而儿童抽动综合征就是在肝木升发这个环节上出了问题。

肝属木，木的特性是调达疏畅。肝木如何才能调达疏畅呢？关键取决于水。树木没有水，就不会生长，肝阴不足，肝风就会内动，这时人就会肢体震颤、屈伸不利，出现挤眉、龇牙、转动身体、甩动手臂等现象，这就是我们说的儿童抽动综合征。具体的调理办法是滋阴熄风，就像浇灌树木，水一充足，树木就会向上生长。中医一般会用钩藤、天麻、生地、首乌等药，其中生地和首乌用来滋阴，钩藤和天麻用来熄风。

然而，还有一种情况也会影响肝木的升发，那就是水湿过重，阳气不振。大家知道，没有水树木会渴死，但如果给树木浇水太多的话，树木又会被淹死。肝木被水湿给困住了，不能生发，这在中医里叫“肝木郁陷”，肝木郁陷之后，也会产生肝风内动的情况，这个时候的儿童抽动综合征就不应滋阴熄风了，而应该滋补脾阳。脾属土，意思就是增加土的含量，用土来控制水，水来土掩嘛！一旦水湿被控制住了，肝木也就正常了。

我一个朋友的小孩，患儿童抽动综合征好几年，脸部经常不停地抽动，看上去像孙悟空那样挤眼、挤鼻子，总是坐不住，到处活动，脾气急躁，孩子身体偏瘦，脸色发黄。

他们曾经找过很多名医，甚至成了北京一个著名的中医院的常客，以前我只知道这个朋友总是带着孩子去看病，但到底看什么，我也不知道。原来，朋友认为中医是分科的，我学的不是儿科，所以他没找我。最后，实在无奈了，就问我对小儿病有心得吗？我说中医其实是不分科的，人是一个整体，怎么能够人为地分科呢？于是他就带着孩子来找我，我看了孩子以前吃的药物，真是很痛心：药量重、味数多，多是苦寒之药，服用的时间很长。小小的孩子，身体哪里受得了呢？

看了孩子的舌头后，我认为他是脾胃不足，就对家长说：“咱们先忘记孩子得的是什么病，现在只管调理他的身体，等身体好了，咱们再看看！”家长点点头。

于是，我开始给孩子调理脾胃，用的都是食物，山药、莲子肉、薏米、芡实等，朋友看了很高兴，这些东西都是孩子爱吃的。家长也很有智慧，把这些东西做成糕点的样子，孩子一吃就是四个月。

四个月后，当我再见到孩子的时候，我暗地观察，觉得孩子已经没有那类毛病了。就私下问家长，这个毛病如何了，家长很高兴地告诉我，已经没有问题了。

那为什么仅仅吃一些山药、莲子肉、薏米和芡实就能治好儿童抽动症呢？看过《神医这样看病》一书的人都会知道，这个方法来自于钱乙。

钱乙是宋代名医，著名的六昧地黄丸就是出自他手。一次，宋神宗的儿子患了儿童抽动综合征，太医们束手无策，就把钱乙请来，钱乙到宫里一看，这位小朋友果然病得不轻，抽风抽得很厉害。

钱乙诊完病后，告诉侍者："以温补脾肾立法，方用黄土汤。"

太医们一听傻了，什么？黄土汤？这能挨得上吗？

太医们认为此病是肝风内动，治疗应该滋阴熄风，而黄土汤是温阳健脾的，脾属土，顾名思义，黄土汤一定是补脾土的。明明是肝上的问题，钱乙为什么要从脾上来治呢？太医们都用怀疑的眼光看着钱乙。

那么，治疗的结果如何呢？喝完药后，这位小朋友的抽风就停止了发作，很快就好了。钱乙将自己的这个方法总结为"以土胜水，木得其平，则风自止"。没错，儿童抽动综合征的确是肝风内动，但这里的肝风内动不是因为缺水，而是因为水太多了，木陷水中，肝被水湿幽困住了。这就像暴雨来临之时，雨水不断地冲刷泥土，泥土开始流失，树木便开始摇晃，用钱乙的话说，就是"土虚木摇"，泥土被雨水冲得松散了，树木的根基自然就不牢了。怎么办呢？办法就是以土制水，用补脾的方法来平熄肝风。肝风一平，木静而风恬，肝气重新开始升发，树木欣欣向荣，身体的圆运动就会正常起来。所以，钱乙用温阳健脾的黄土汤，就治好了小孩的抽风。而前面我之所以用山药、莲子肉、薏米和芡实来治疗孩子的儿童抽动综合征，也是从钱乙的思路获得灵感，这些都是补脾的食物，脾土扎实了，肝风自然就平熄了。

第四节 圈转不转，脾胃是关键

中医有句话，叫“肾为先天之本，脾胃为后天生化之源”。先天的肾气，是从父母那里遗传来的，一个人的禀赋如何，在出生的那一刻就基本确定了；至于后来长得如何，关键要看脾胃，因为我们后天生长的物质来源，主要靠脾胃来吸收。

在人体内，上为阳，下为阴，阴阳之气上下循环，从而构成了气机的升降。在气机的升降过程中有一枢纽，它就是我们的脾胃。脾胃属土，土居中央，处阴阳之交，清浊之间，所以它又被称为中气。中气是气机升降的关键，在身体的圆运动中，中气里的脾气向上升，胃气往下降，一升一降，一推一拉，这就使圆运动有了动力。因此，如果脾胃虚弱了，水泛土湿，圆运动失去了动力，整个人的气机升降都会出现问题；相反，只要中气不败，身体不管有多少毛病，都能慢慢地调理好。《黄帝内经》说：“有胃气则生，无胃气则死。”所以，身体的许多问题都可以从调理脾胃开始。

我先给大家举个例子吧。

有一个小伙子，二十多岁，他的症状多得我都无法描述：体力不佳，稍一运动就满身大汗，喘息不止；浑身冷热不匀，经常下寒上热，腰腿发冷，头面上火，口腔溃疡；情绪总是不好，焦躁不安，思想不能集中，思考混乱；性欲强，但功能不行，几乎不能完成性生活……一个二十几岁的人怎么会有如此多的问题呢？趁旁边没人，小伙子偷偷告诉了我原因。原来，他从中学时就开始手淫。他说：“如果我知道会有今天的后果，当初说什么也不会染上这个毛病的。”

我翻开他的病历一看，厚厚的一大本都是补肾的药，什么巴戟天、淫羊藿、菟丝子等，量很大，用的时间也很长，但效果一般。这是现在大家调理此类疾病的一个常用思路——不是手淫导致的吗，手淫戕害了肾气，所以就要补。肾。可是，大家忘了这些补肾的药也会助阳，结果，患者吃了这些药后，性欲更旺，往往虚火上浮妄动，越来越糟。用这个小伙子的话说，就是每次换一个医生，开始的时候总能见一些效，但是若干副药以后，反而不见效，有时还会出现一些新的症状。

其实，这个小伙子之所以症状如此之多，就是因为手淫搞乱气的运行，现在他身体里的气乱七八糟，没有按照圆圈运动的方式运动。那么，我们该怎么调理这个病呢？可以从脾胃人手，很多时候单纯补肾是不行的。此时，补足了脾胃，补足了中气，圆圈运动起来，问题就会迎刃而解。我给他用的是桂枝龙骨牡蛎汤。方子里有桂枝、芍药、炙甘草、生姜、大枣、饴糖，再加入龙骨、牡蛎。这是张仲景调理脾胃的方子，里面有什么奥妙呢？就是有酸有辣，还有一点甜，所以，我称之为酸辣汤。在生活中我们有个体会，就是当我们胃口不好时，只要喝一碗酸辣汤，立刻就会感觉胃口顿开，食欲大振。这是什么道理呢？因为酸的力量往下走，辣的力量向上走，两股力量一上一下一齐用力，圆圈便开始了运动；圆圈一运动，气机一通畅，食欲就会大开。这个方子里桂枝和生姜是辛辣的；芍药是酸的；而炙甘草、大枣、饴糖是甜的。其中的道理是：辛味的药向外发散，是向上升的，《黄帝内经》说“辛甘发散为阳”；酸味的药性向下，是向里面收的，《黄帝内经》说“酸苦涌泄为阴”；甘味是补中焦脾胃的。这样一来，有升有降，有收有放，有阴有阳，气机一流动，圆运动一正常，身体慢慢就会恢复。

中医有一个非常好的思路，就是当一个人问题很多，症候复杂，难以下手时，我们就可以从脾胃人手，因为脾胃属土，处于中间，我们抓住它，就抓住了气机升降的关键，只要气机上下通调，阴阳交泰，水火既济，那么，身体就会自己恢复，一些细枝末节的问题就会逐渐消失。如果我们不善于解决主要问题，只盯着那些细枝末节的症状不放，就会乱了手脚，顾东，就顾不了西，最终在复杂的症状面前败下阵来。

我给这个小伙子调理，用的就是这个思路，一味补肾的药也没用，用的基本都是调脾胃的药，结果，在很短的时间内，这个小伙子的体质就得到了全面的改善，一共用了不到二十天，他的所有症状就都消失了。

这个小伙子后来变得非常阳光，每次从他给我发来的邮件里，都可以感受到他的活力。这事儿过去快两年了，我们偶尔还有联系，他一直都非常好，朋友们都觉得他像是变了一个人似的。

党参30g 白术30g 茯苓50g 薏苡仁50-100g

 阴阳一调百病消

莲子肉50g 芡实50g 山药50g 白扁豆30g(炒的比较 or 杏仁50g(炸)

第五节 千年养生第一糕：八珍糕

既然脾胃如此重要，那我们该如何来保养呢？在这里，我向大家介绍一个非常管用，也非常简单的食疗方子：八珍糕。

八珍糕是过去皇帝们常用的食疗方。我曾研究过清宫医案，发现乾隆皇帝经常吃一种糕点，几乎常年不断，有时这种糕点快没了，乾隆皇帝还亲自朱批，让太监们赶快去做，不要耽误了自己吃。后来，慈禧太后也是这样，非常喜欢这种糕点。那么，这究竟是一种什么样的糕点呢？皇帝们如此喜爱。原来，这种糕点由八种东西组成，它们分别是党参（或者人参）、白术、茯苓、薏米、莲子肉、芡实、山药和白扁豆。这些东西大多是药食同源之品，它们组合到一起，就成了调理脾胃的神药，有神奇的力量，让我们来看一看。

308 党参是补中益气的良药，常常用于治疗脾肺虚弱、气短心悸、食少便溏、虚喘咳嗽、内热消渴等证。《本草从新》中说："补中益气、和脾胃、除烦渴。中气微弱，用以调补，甚为平妥。"意思就是，党参最大的作用是调补中气，一个人如果脾胃虚弱，就可以用党参来补。党参性平，它是这个方子里面最主要的药，用以滋补脾阳，但我们用的量不大，一般是三十克左右。

309 白术是中医常用之品，它具有健脾益气、燥湿利水的功能。白术的特点是"守而不走"，意思就是，白术是守成的高手。如果我们将党参比作开国之君，它的作用是开疆拓土，那么，白术就是守成的大臣，国君把脾胃的阵地给攻占下来后，白术就可以守住。在八珍糕里面，白术和党参协同作战，共同滋补脾阳，它们是这个方子里面补中益气的核心力量，白术我一般也是用三十克。

茯苓是祛湿的药物，具有补脾的作用，但茯苓补脾是通过泄湿来完成的。中医认为脾属土，土最讨厌水湿，茯苓可以帮助脾土清除水湿。八珍糕里面的食物各有各的力量，各有各的方向，它们调整气机，有升有降。这个茯苓就是先降后升，它在降水湿的同时，使得脾气向上升。我们可以把脾气比作一个气球，如果气球下面吊着一桶水，这个气球就没有办法升空，如果我们把水给倒掉，那么，气球就会飞向天空。茯苓就是这样，它通过祛湿来提升脾阳。在这个八珍糕里面，茯苓作为一个向上升的力量，主要任务是推动脾气向上走。我一般用到五十克左右。

薏苡仁是一种食物，味甘、淡，性微寒，归脾、胃、肺经，有健脾利水、利湿除痹、清热排脓的功效。这味药最大的本事就是能祛除我们体内的湿浊之物，中医在治疗肺痈、肠痈的时候，往往会用到薏苡仁。值得注意的是，尽管薏苡仁祛湿，但它和茯苓截然不同，茯苓祛湿，药性是向上走的；薏苡仁祛湿，药性是向下走的。这两味药一上一下，一升一降，一起用力，就会使人体内的圆运转起来。中医有一个常识，就是在滋补的时候，先要除掉身体内的湿气，湿气不除，会影响滋补的效果，而这个薏苡仁正是祛湿最好的东西。那么，如何来用薏苡仁？我一般看患者的舌苔，如果舌苔厚，薏苡仁的量就用得多，会用到一百克左右；如果舌苔薄，用五十克就可以了。

除此之外，莲子肉具有清心醒脾、安神明目、补中养神的作用；芡实入脾、肾二经，具有固肾涩精、补脾止泄的作用；山药有健脾补肺、固肾益精的作用。这三味药有一个共同的特点：就是在补脾的同时，又具有收涩的作用。一般我们在使用滋补药的时候，最担心的就是随补随散，身体不能真正地吸收，而这三味药的应用，就使得滋补进来的营养物质，可以被收涩住。一般这三味药的用量都是五十克。

最后是白扁豆，白扁豆归脾、胃二经，具有补脾和中、化湿消暑的作用，一般我们用它来治疗暑湿导致的腹泻。白扁豆通常用三十克，如果服用者平时大便干燥，就不需要用白扁豆来收敛止泻了，我一般会去掉白扁豆，用杏仁五十克来替代，因为杏仁有开肺气通大肠的作用。

在八珍糕这个方子里面，山药、莲子肉、白扁豆都是滋补脾阴的；党参和白术是滋补脾阳的；茯苓和薏苡仁是祛湿的；芡实是收涩的。这样一来，整个方子有阴有阳，有升有降，平和不偏，难怪有人说，八珍糕是千年养生第一糕。八珍糕的发明者，明朝大医陈功实说，一个脾胃虚弱之人，如果服用八珍糕百日以后，他就会身轻气爽、元气大增，其绝妙之处难以尽述。

八珍糕的做法是，先把这些药研成粉末，再把糯米、大米研成粉末，然后和药末混合，按照我们前面写的药量，大米和糯米的重量分别是二百克，然后把这些米粉和药末放入水中，和成面，可以加一点白糖，然后放在笼屉内蒸，蒸熟了以后切成糕，烘干，以便于存放。也可以直接把药末放在水中熬成糊状，然后喝下去。现在还有八珍糕的成品，如果大家能够买到也是不错的。

那么，这个八珍糕究竟有没有效果呢？应该说效果惊人。许多小孩经常感冒，家长采取了各种办法，都无济于事，吃了八珍糕后，脾胃好了，正气足了，也就很少感冒了。八珍糕不仅对小孩儿有益，对老人也非常好。

有位朋友的父亲，六十多岁了，请我帮助调理一下身体，因为他说自己的身体出了很大的问题。我到他们家以后才知道，朋友的父亲很瘦，无精打采，走路无力，吃不下多少食物。到各个医院检查以后，基本没有什么结论，不知到底是哪里出了问题。

我诊断以后，发现他是脾胃虚弱，于是就让他吃八珍糕。因为八珍糕调补脾胃，而调补脾胃是“医中王道”，身体的许多问题都可以通过脾胃来解决。

后来，朋友告诉我，他父亲自从吃了八珍糕以后，身体开始逐步恢复，现在胃口好了，精神头也足了，老人自己说，以前走不远的路就要停下来歇歇，现在已经没有这种现象了。

第六节 八珍糕的神奇功效

现在，小孩子肺部的问题比较多，如何来调理呢？我的方法是调脾胃。脾胃在五行里面属土，肺属金，土生金，也就是说：脾是肺的母亲，脾受伤了，肺当然也不会好过。

肺经虚弱的孩子，如果在平稳期不调理脾胃，等到肺经的病发作了，那就会陷人疲于奔命的状态，不断地去扑救新发的病症，总是处于被动的状态。我调补脾胃的方法，用的就是八珍糕的思路。我会根据孩子舌苔的厚腻程度，调整每一味药的比例：舌苔厚了，就要增加薏苡仁等药的分量，增加泄湿之力，舌苔薄了，就要增加补脾药物的比例；然后，再根据舌质红的程度，来增减药物的分量，这是在补阴和补阳之间求得平衡，因为舌红者为脾阴不足，舌质淡白者为脾阳不足。

有一对夫妻通过北京电视台的工作人员，找到《养生堂》节目的编导，再通过这个编导找到我。说他们的孩子哮喘、咳嗽、感冒不断，北京的大小医院几乎走遍了，都没能解决问题。这是一个五岁的小男孩，使用激素却已经有两年的时间了，我觉得孩子的汗毛都有点重了。

孩子的面部特点是颜色晦暗，额头和脸的下部尤其重，舌苔非常薄。我总结的规律是：舌苔厚的孩子，往往有食积，是一时性的；而有的孩子舌苔薄得几乎看不见，这样的孩子，问题却不是一朝一夕的，大多是脾胃之气很弱，无力生发舌苔导致的。因为中医认为：舌苔为胃气所生。了解了这个孩子的情况以后，我就对他们说，先不要管呼吸系统了，我认为此时脾胃是关键，要抓紧时间用八珍糕补足脾胃，这样孩子才有希望。

我给他们开了八珍糕加味，让他们自己想办法，用蒸糕、熬汤等各种方法服用，看孩子能接受哪种。后来，情况并没有那么顺利，在调理过程中，这个孩子曾反复患感冒咳嗽，每次感冒一好，就立刻用八珍糕调理脾胃。

现在，这个孩子撤掉了激素，哮喘也再没有发作过，其实到现在我也不知道这个孩子到底是哮喘还是咳喘，因为我一次都没有听见。我的观点是，不管你是哮喘还是咳喘，反正我只调理孩子的正气，正气足了，这些病自己就痊愈了。

我也经常用这个方子调理成年人，效果也是非常好。

因为我写了很多古代中医大师的故事，所以有很多影视界的人士，希望把这些内容改编成电视剧、电影。有一次，一位影视界的制作人托人找到我，希望谈谈合作，见面后，大家照例请我诊脉，看舌头。我一看他的舌头，舌质有些红，但是舌苔满布，微腻、微黄，同时伴有齿痕。

这种舌象很容易导致误判，因为舌苔满布，几乎把舌质给覆盖了，让人很容易误认为舌质是淡白的，其实他的舌质很红，我是通过观察舌苔间隙和舌下黏膜的颜色判断的。

诊完了舌脉，我基本就心里有数了，我说：您的身体有两方面的问题，第一，是实证，有湿热，这是饮食肥甘厚味导致的，因为舌苔满布微腻；第二，是虚证，脾阴不足，因为舌质红同时有齿痕，这是饮食不规律，伤到了脾胃之气。

看看，人体就是这么复杂，同时存在着虚实两个方面的问题，而且还都是饮食劳倦引起的。

接着，我就跟他对了一下症状，比如是否饭后四肢无力；是否特别能吃，但吃完了却肚子发胀；是否感到精力不足，经常疲乏；是否觉得力不从心等，他觉得这些症状自己都有。

其实，如果做个体检，就会发现他有脂肪肝、血脂异常、血压高等问题。

这是为什么呢？原来，这些脑力劳动者，也就是我们通常说的白领或者是老板们，大多劳心太过，中医认为思虑伤脾，因此他们往往脾血不足；同时，他们吃饭不规律，往往饥一顿饱一顿——忙了，就不吃，有朋友约了，就鱼翅燕窝大吃一顿，所以一方面伤了脾胃的气血，一方面又导致了脾胃湿热严重。

脾胃若受伤了，你吃进去多少肥甘厚味都没用，因为脾胃无力运化了，这样它们就都成为了痰湿，这就是为什么一体检，发现有脂肪肝了，血脂高了，又因为湿热导致气血壅滞，所以血压也高了。

千万不要以为我饿一顿，营养匮乏，我再大吃一顿，就补回来了，这个认识是错误的；饿一顿，伤到脾胃了；再多吃，只能增加脾胃负担，让脾胃伤得更厉害。

我讲完了这些道理，大家纷纷点头称是，觉得从来没有听过这么细微的论述，于是忙问我该怎么调理。

这样，我就开了八珍糕的方子，增加了其中滋补脾阴的分量，同时增加了薏苡仁的药量来清除湿气，我记得好像还加入了一点陈皮。

有一天这位制片人特意打电话来，告诉我他现在身体状态非常好，自从服用了八珍糕，感觉身体轻松多了，在最近的一次体检中，他的血脂情况也好转了很多，血压居然也下降了，这让他非常惊奇。我告诉他，我开的八珍糕只是一个调理脾胃的思路，正因为脾阴补足了，阴阳才得以调和，脾胃气血得以流通；同时，湿气祛除了，身体的气机得以升降，所以身体才把不需要的痰湿排出了体外，这样血脂改善是情理之中的了；而气血通调，则血压也自然就有所改善了，这就是用八珍糕见效的原因。后来，他还问我，能否让他来投资，开设一个专门生产八珍糕的食品厂。

问答：

自投罗网问：

这个左升右降的圆圈理论太伟大、太正确了。这几天刮燥热的大风，我女儿流鼻血，脸上长了几个红痘，眼底也有些红。奇怪的是只有左鼻孔流血，右鼻孔不流；红痘也都长在左边脸上。用这个圆圈理论来解释，这就是左边生发太过，右边降不下来啊。

罗老师，这种情况饮食中应该多吃些什么，少吃些什么？

罗博士答：

朋友. 此时可以用一些降气的食物啊，比如喝点杏仁露，或者自己熬点杏仁，五克就可以，捣碎后煮水，开锅两分钟就可以喝了，这个杏仁可以降肺气；也可以服用些萝卜汤等；还可以吃点山楂，这是降胃气的。总之，肺胃之气降了，气机也就不会升得太厉害了。

新浪网友问：

罗老师，您好！烦请百忙之中给我们讲讲如何解决口臭的问题，相信很多人都有这个烦恼，谢谢！

我本人以前胃不好，是胃溃疡，后来好了，但是稍微吃一些不好消化的东西，胃就会胀胀的，我的鼻翼是红色的，大便也不正常，早起总觉得没有力气拉大便，很少有大便痛快的时候，现在大便多不成形，而且量不多。脸上总有很多隐隐的小痘，以额头、下巴、太阳穴居多。

罗博士答：

口臭的问题以胃气不降为多，但听你的叙述，你可能主要是脾阴不足引起的，建议在使用消食导滞药物的同时，看看滋脾阴的思路是否对症，滋脾阴的药物有麦冬、沙参、山药、莲子肉、橘红、茯苓、白扁豆等，你可以找当地的医生具体分析一下。

新浪网友问：

罗老师你好，我的小孩今年六岁了，小孩子自出生以后就经常感冒，每个月都要打十来天的吊瓶，我都急死了。现在的症状是感冒引起的过敏性鼻炎。另外，小孩每次感冒前都会扁桃体发炎，发炎时略微有痰，我实在不知该怎么办了，请教大师，帮帮忙。

罗博士答：

朋友，我不是大师啊，孩子如果经常感冒，我的想法是正气一定不足，有两个思路：一个是调理脾胃；一个是调理肺气。调理脾胃多用八珍糕适当加减药量，调理肺气多用阿胶加些清热的药物，但是我无法具体判断你孩子是属哪种类型，你可以找当地医生，让他们不必管感冒，就看看

八珍糕

孩子身体哪里失调，调理一下，这样是根本之治，如果跟着感冒走，那样总是很被动的。

新浪网友问：

罗博士好，非常遗憾，春节过后，我和老伴去了海南，错过了《养生堂》的节目。听邻居说期间您讲了一个莱菔子通便法，非常管用，我想麻烦你告诉我一下。谢谢了。

罗博士答：

莱菔子就是萝卜籽，老年人用炒莱菔子通便很管用，每天十五克的量，研成末，分成两份，饭后用开水冲服下去，能够把气往下顺，坚持几天大便就会通畅。注意，莱菔子在制法上有生和炒之分，虽然都能顺气，但药性相反，生的莱菔子药性往上走，可以清痰；炒的莱菔子药性往下走，可以通便。而且莱菔子特别便宜，十克也就两毛钱。

莱菔子通便法

炒莱菔子 15g — 研成末，饭后 1/2

第九章　山不在高，有仙则灵——金处方有何神效

有什么别有病，没什么别没金处方

我的导引按摩金处方有六大张，分成两大组。第一组就是一张大处方，叫“强身健体金处方”，是保健和防治亚健康的首选方法。第二组由五张处方组成，可以强壮您的五脏，防治肝、心、脾、肺、肾这五脏的一切疾病。

老百姓有句俗话：“什么都可以有，就是别有病。”由此可见，疾病对人的身体、心理影响有多大。治病的方法有很多，吃药打针算是一种；有时候，不吃药不打针也可以让身体好起来。俗话说“条条大路通罗马”，就是这个意思。我想大家心里都会打小算盘，能不吃药打针就把病治好，多经济、多划算啊！

怎样才能达到这个目的呢？我的导引按摩金处方就是您的最佳选择啊。它把中医六大治病法中的导引和按跷有机地结合在一起，既融入了中医有关五脏气血、经络穴位等基础理论，又结合了传统运动招式，并凝结了我行医、教学40多年的实践经验。

这套结合了导引和按跷（按摩）精髓的金处方，共计有六大张，分成两大组。第一组就是一张大处方，叫“强身健体金处方”，是保健和防治亚健康的首选方法。第二组由五张处方组成，可以强壮五脏，防治中医所说的肝、心、脾、肺、肾这五脏的一切疾病。在我这个医生看来，这种不打针、不吃药的治疗方法，对于老百姓来说，特别实惠，而且效果很理想。

下面，我就先从导引和按跷这两种源远流长并有着浓郁中国特色的传统保健治病方法说起。

金处方里的第一宝贝——导引

导引是中医治病六大法之一，它通过调节姿势、呼吸、意念，使得身心放松、意念专一，从而增强人体的正气，也就是诱导和激发人体的自愈潜力（人体大药）来达到保健强身、防治疾病、延年益寿的效果。

中医主要是用砭、针、灸、药、按跷、导引这六种方法来治病的。导引就是其中的一种，这是一种练气、养气和用气的功夫，它是中国古人在与疾病、衰老搏斗的过程中逐渐认识和创造的一种身心锻炼方法。它通过调节姿势、呼吸、意念，使得身心放松、意念专一，从而增强人体的正气，也就是诱导和激发人体的自愈潜力（人体大药）来达到保健强身、防治疾病、延年益寿的效果。

4000 多年前的黄河流域，由于洪水经常泛滥，当地潮气很重，所以生活在那里的人们大多患有肌肤麻痹、关节不利的疾病。

当时，人们通过观察日常狩猎、采集果实时跳跃以及祀神祭祖、庆祝丰收时的舞蹈动作，认识到这些动作还有舒筋壮骨、通利血脉、强健体质、治疗疾病的作用，于是开始使用这些方法。

到了东汉，写《舞赋》的傅毅，就对这些手舞足蹈的健身方法进行了总结，他把这些能够防病治病的动作称之为“娱神遣老”的“永年之术”。

从马王堆出土的一卷工笔彩绘图中，您可以看到，那时古人为了平息怒气，会把下唇前移，将满腹的怨恨之气从口中徐徐吐出，只见他们双目平视前方，双手平指泄气的方向，且腹部向上收起以助吐出怒气。由此可见，聪明的古人早就会针对身体和精神的不适使用导引术了。他们或是下意识地在身体疲乏时伸懒腰、打呵欠、闭目养神，或者在遇到胸腹闷胀这类疾病时，会张口呵气并用手按胸压腹，从而使得这些病症快速得到缓解。

另外，古人发现导引术的奇妙，也可能源于他们对自然现象的细心观察和对其他生物行为的模仿。像苏东坡，就是修炼导引术的受益者，在他写的一篇叫做《辟谷说》的有关导引的文章里面提到这样一个故事：在古代洛阳，有一个深不见底的洞穴，一个人掉了下去，呼天天不应，叫地地不灵，在他又怕又饿又绝望的时候，忽然看到这个洞穴里有许多乌龟。这些生灵也没任何东西吃，只是在每天早上天一亮的时候，就高高地昂着头，用一种特殊的呼吸方法对着东方的天光像吃东西一样吞咽着。此人从这些乌龟的生存方式中得到启发，于是也学着它们的样子吸气吞咽，不仅没饿死，在被救出洞穴时反而感到身体更好了。

为什么历代名医个个都是导引大师

导引对人体的保健防病功效早已被几千年的实践所证实，现代科学也令人信服地证明了导引能够有效地调节人体的中枢神经系统功能，增加血液的有益成分，增强免疫力，从而彻底改善人的身体素质，延缓衰老。

历史上练导引获益匪浅的大有人在，医生群体中表现尤为突出，例如被称为“药王”的唐代名医孙思邈，他就是极为重视导引养生的专家。他活了102岁，可以说是那个年代的奇迹。他写的《千金要方》中就记载了很多关于导引养生的内容。

又如汉代的名医华佗，他也是“导引术”的倡导者和实践者。华佗在远古流传的导引术基础上，结合自己的实践，创编了一套流传至今的“五禽戏”。

五禽戏就是一种导弓1形式，它模仿五种动物的形态、动作和神态来舒展筋骨、调和气血，进而打通人体经脉。这五禽分别是虎、鹿、熊、猿、鸟。华佗创编的五禽戏，通过模仿这些动物的动作，使练习者手足灵活、血脉通畅，从而起到防病祛病的功效。他的学生吴普就是坚持用这种方法强身，“年近百岁而有壮容”。他活了将近百岁，还像壮年人那样耳聪目明、齿发坚固、面貌年轻、行动灵活。

再来看晋朝的大医学家葛洪，他在《神仙传》一书中提到了一个叫做彭祖的老寿星。传说彭祖经历了夏到商殷时代，活了800多岁。书上记载彭祖善做“导引”，经常从早到晚“闭气内息”，达到一种“适身通神”的境界，然后揉擦眼睛、按摩身体，“舐唇咽唾”后才站起身来。有时身体疲乏不适，他就“吹喣呼吸，吐故纳新”，做一种“熊经鸟神”的动作，使得“导引行气，攻治患处”，九窍、五脏、四肢以至毛发都气流通畅，身体又舒服如初。

而葛洪自己也实践着导引养生术，创编了多种有效的导引功法，从而成为历史上享有盛名的医生和大养生家。

除此之外，以后的各代大医家中，诸如陶弘景、刘完素、张子和、李东垣，还有大名鼎鼎的李时珍，也都是一边身体力行地修炼导引之术，一边把它作为一种良好的治病方法教给病人。不仅疗效卓越，也成就了他们各自的医学建树。

除了名医，很多文人墨客也热衷于导引术。比如大家都熟知的白居易、朱熹、苏东坡等人，不光是导引的热爱者和实践者，还在他们的诗词歌赋中对其进行了吟咏。其中陆游吟咏“睡功”的诗句更是富有情趣，他在诗中这样说：“相对无言睡味长，主人与客两相忘。须臾客去主人觉，一枕西窗半斜阳。”

可以说，正因为坚持练导引术，陆游虽经历了社会动乱以及情感变故，但80多岁高龄时还能够处在一种“两目神光穿夜户，一头胎发入晨梳”和“已近九龄身愈健，熟视万卷眼犹明”的返老还童状态。

练导引达到这种物我两忘、身心健康的故事真是太多了，我就不一一说了，只是要提一提清代一位叫做张锡纯的名医，这位张医生幼年的时候“禀赋羸弱，尝卧病榻上”，就是说从小体质不好，经常病歪歪的。后来，有高人点拨他进行“练精化气”的导引锻炼后，他就“数易寒暑，持之不懈”。结果不光治好了自己的病，“转而精神陡长，智力颖悟”，具有了过人的聪明才智。他就是坚持练习导引，最终成了一代名医，还写出了《衷中参西录》这本医家必读的皇皇巨著。

总之，导引对人体的保健防病功效早已被几千年的实践所证实，现代科学也令人信服地证明了导引能够有效地调节人体的中枢神经系统功能，增加血液的有益成分，增强人体的免疫力，延缓衰老，并防治多种常见病、多发病。

金处方里的导引速成法

调形、调息、调心是导引的三个关键要素。一定要略带笑容，眉心舒

开，眼睛不要闭得太紧，似闭微闭。采用自然呼引法，像闻恬人花香一样，腹部自然地鼓起或者回缩。同时想着手心的劳宫穴，避免走神。

既然导引对人体有这么多的好处，那我们怎么才能练好呢？下面我就给大家介绍我的导引速成法。

导引的种类很多，门类和流派也很复杂，但是删繁就简地来看，正如前人的感慨："祖师留下真学问，说破原来笑煞人。"这就是说，一层层剥开导引的神秘面纱，我们就会发现，其实在导引的各个形式套路中，万变不离其宗的只有三个要素：

第一为调形，即锻炼时的动作形式；

第二为调息，即采取不同的呼吸方法；

第三为调心，即锻炼中的意念，通俗的说法就是集中注意力。

在练习导引时，除了特定的动作要求外。还要配合一定的呼吸方法和"意念"，让精神高度集中。

首先要注意调形

1. 练习中要随时调整动作姿势

"须知功成四不像，学时容易改正难。"动作不能太走样，尤其是在导引过程中按摩穴位时，取穴还是要准确、到位，对于动作的起落、高低、轻重、虚实要分辨清楚，对举手投足、次数、神态、呼吸等等都要了然在心。

2. 注意表情仪态

一定要略带笑容，眉心舒开，眼睛不要闭得太紧，似闭非闭。您看佛祖的面容姿态，就是"眼观鼻、鼻对心"，这样容易放松。另外，口也要微张，舌头要轻抵上颚。这也有讲究，是说人体两条重要的任脉和督脉，它们的交会就可以促使“阴平阳秘”健康状态的产生。但是任脉结束于下唇的承浆穴，而督脉结束于上唇的龈交穴，这样就不能贯通联系了。这时就要用舌头做桥梁，把舌头微微翘起，舌尖点到上颚，这样连接起口内上下两端，使得任、督两脉经气连接贯穿起来。这样的做法，在导引里还有个有趣的名字，叫做“搭鹊桥”，是用传说中大家都知道的牛郎织女相会的故事来寓意人体内任脉和督脉阴阳相交，产生美好结果的啊。

3. 火候要适中

另外，我们练习导引的时候，要让全身最大程度地放松，如果您按练功的要求来做，颈部不要太僵硬，肩不能过耸，不能过分挺胸凸肚等，逐渐找到自我感觉最舒服的状态，就可以算是“火候”适中了。“火候”到了，您要蓄炼的体内“仙丹”就指日可待了，“功德圆满”，不是难事！

同时还要注重意念

这一点可以说是导引方法中的关键。《庄子》里记载了一个神奇人物，名叫亢仓子。据说他练导引达到很高境界时，能听到千里之外的“芥蒂之音”，就是一点小小的风吹草动或者草屑落地的声音。这种了不起的能力让当时在场观看的鲁国国君惊讶不已。原来这位亢仓子在练习时，意念的集中达到这样一种境界——“体合于心，心合于气，气合于神，神合于无”。就是说，练导引时，通过调形、调息、最重要的是调心，也就是集中注意力吧，就会达到全身放松的专一境界，此时体内真气随着经络畅通无阻，气血转化迅速而神思敏捷，因此具有了平常不可思议的能力。由此可见“意念”在导引中的重要性。

怎样才能集中意念呢

1. 想象叶在水上漂——减轻压力

唐代的大医学家孙思邈幼年多病，后来十分注意练习导引，并在“节怒、除虑、除烦恼而心安神静”上狠下功夫，身体越来越好，活了一百多岁。可以说在他的后半生中，完全抛开了压力和烦恼。

那么，我们普通人怎样才能抛开压力和烦恼呢？简单的做法是：闭上眼睛，想象自己是一片叶子，被微风吹落在湖面上。空气清新，阳光和煦，您的身体随着水波的荡漾而自然摆动。在这样的状态下，一切欲望、不快及焦虑都会烟消云散。

2. 想象气随花香走——绝对放松

没练过导引的朋友最关心的就是怎么才能很快进入放松的状态，很简单，就请照着以下的方法去做吧。

想象我们身处百花园中，被浓郁的花香包围着。我们陶醉地闻着这股花香，芳香的空气如泉水汩汩涌入我们的身体，顺着体内的某条“通道”到达要去的地方，和手一起按摩或者拍打。力道呢，您想它轻点，它就轻点，想要感到酸胀，就会酸胀……

时间长了，即使不用手去拍或敲，这股气也能担当起手的功能来。对行动不方便的朋友来说，这一招很管用哦。这个方法可以让我们很快放松下来，把意念引导到它该去的地方。

3. 想着手心劳官穴——避免走神

在练习过程中，如果走神就会使效果大打折扣。古人常用“心猿意马”这个成语来形容走神。“心猿”是说思想像跳跃的猿猴一样，纷乱不定；“意马”就是意念、意识飘忽不定，就像飞驰的野马。

防止走神不可能一步到位，您越是想不能走神，您越是要赶走那些乱七八糟的念头，就越不能达到。道家养生功法里有一种内视法，就是叫您练习时想象蓝天白云、花鸟树木等，这其实就是一种通过想象美好境界来让您在不知不觉中赶走怪念头的方法。

您在学练金处方的过程中，可以只想着掌心的劳宫穴（握拳屈指的中指尖处），这叫意念随手。这样做有两个好处：一是有一个固定的意念点，二是这样的意念点因为又随着手在运动，就不显得刻板了。

用我上面讲的方法去想象吧，那些美好的事物就可以“活”起来、“动”起来，从而有效避免走神，让注意力集中起来。

练习导引的四大注意事项

练好导引，除了要调形、调息、调心外，还要特别注意以下四项：

1. 不要空腹练习

练导引之前，一定要吃点好消化、易吸收、有营养的东西，而且要在练习前半个小时吃。记住哦，不吃的话不好，因为“巧媳妇难为无米之炊”，没有原料是炼不出“内丹”来的。但是还要记住，吃得太饱了也不好，因为导引讲的就是气息通畅，吃得太多，把肠胃塞满了，不就把“导引之路”堵上了吗？正气不能贯通一气，蓄积不起来，这个“丹”又怎么能炼好呢？

2. 选择好地点

古代修炼导引的人都讲究练功的地点，所以传说里的神仙们都住在“山深林幽处”。虽然我们现代人不能和他们相比，但是也要用心去选择练习的地点，才能收到好的练习效果。

练功要选择安静并且草木茂盛的地方。因为身处安静的环境，练功时不会受到干扰，从而意念集中。另外，在这样的环境中，空气清新，氧气含量也高，有益于您身体的“负离子”含量增多。这些都可以帮您“过滤”血液里的毒素和垃圾，让肺呼吸得更顺畅，还能稳定您的血压，安定您的神经。

我的恩师李正凡老先生每天必在林荫树下练功，他还用一首诗说过这样做的好处："练功气生大树下，人树团绕为一家，息息相关片刻里，丹田纳人是精华。"他告诉我，树木根深叶茂，上下汲取天地精华。在高大的乔木下练功，收效就会比在低矮的灌木丛中好。

住在城里的人，练导引时可以选择公园、风景区、自家周围行人稀少的绿地。不想出门的话，可以在自己的居室中布置一下，草木芬芳，静室幽兰，让自己先放松下来。

3．要应时练习

古人按严格的时间练习导引，叫应时练功法。一天 12 个时辰，一个时辰相当于 2 个小时，从子时（23 点到凌晨 1 点）开始，直至亥时（21 点到 23 点）。身体里的胆、肝、肺、大肠、胃、脾、心、小肠、膀胱、肾、心包、三焦等，分别有较为活跃的时辰，挑对时辰，在脏腑"上班"效率最高的时候给它们加点"油"、鼓点"劲"，让它们自己集结起抗病续命的"正气"大军来，我们就不容易生病了。

当然，我们也没必要半夜起来练习，但要像吃饭一样"定时定量"，自己规定每天几点练功，一天练几次，这样也是在给五脏六腑"上发条"哦。

我教给许多病人、朋友这套金处方之后，大多数人反映，在清晨外面车辆还不是太多、空气比较新鲜的时候，或者傍晚太阳西沉时，到外面去活动活动，练上一套，人精神了，毛病也少多了，效果真的挺明显的。这就对了，还是要提起李正凡老先生，他在早晚练功时，还必定面向太阳和月亮的方位，说这样可以顺应自然，与日月共生。您不妨也试试这样做。

金处方里的第二宝贝——按摩

清朝的雍正，有一次骑马过程中摔伤了脚踝，御医束手无策，只好张黄榜在民间广泛求医。有一个走方郎中揭下黄榜，只用一搓一扳的手法，一眨眼功夫就把雍正伤痛治好了。这位郎中采用的手法就是我们所说的按摩。

说完了中医治病六大法里的导引，我接着再说和它相提并论、联系紧密的“按跷”。按就是用手，跷就是用脚，用这种手法来防治疾病，古代叫做“按跷”，现在就叫推拿按摩。以下为了方便读者阅读，我就把按跷称为按摩。

远古的时候，黄帝和蚩尤在中原决战时，势均力敌，打得昏天黑地，难分难解。那个时候还是冷兵器时代，双方用石头投掷和棍棒敲打对方，因此多是胳膊腰腿受伤什么的。战斗者受伤减员，双方都很着急，可是在黄帝的队伍中，有一个叫做愈跗的高明按摩医生。因为他的及时治疗，黄帝队伍的战斗力和士气明显增强，并一举打败了蚩尤帝，黄帝也因此一统氏族，成为我们华夏民族的代表人物。您看，按摩是不是除了防病治病，还有更了不起的作用啊？

先秦名医扁鹊和东汉的华佗都喜欢用这种方法来治病救人。魏晋南北朝时，按摩已经被当时的太医署作为一种官方的防治方法。、到了唐代，它的发展更为迅速，治疗的病种涉及内科、外科、妇科和儿科，还流传到日本等其他国家。

另外，清朝的雍正，有一次骑马过程中摔伤了脚踝，御医束手无策，只好张黄榜在民间广泛求医。有一个走方郎中揭下黄榜，在为雍正治疗时，只见他不慌不忙，只用一搓一扳的手法，一眨眼功夫就把雍正伤痛治好了。雍正皇上非常高兴，要大加封赏，可是这位民间高手不要金银财帛，而是为民请命，希望皇上给按跷也就是按摩这种方法正名，使它正式回到官方的医疗体制中。可是，有趣的很，雍正他老人家当时未正式表态，只说您是一搓一扳就把我治好了，那您就先在我的御医组织中设立一个“搓扳处”吧。哈哈，这位民间按摩医生一下就被提了一个“处长”。

不管怎么说，按摩一直都以它良好的保健治疗效果而受到人们的喜爱，经久不衰。现在，大家对于保健治病有了更加科学的认识，按摩也以简、便、廉、验的特点和少毒、少副作用而广受欢迎。

按摩看似雕虫小技，其实暗藏万千玄机

按摩这种方法看似简单，其实大有科学道理，还不会对身体产生什么损伤或副作用。如果把它与中医所说的经络穴位相结合，它的用途就更多了。

古人认为，在按摩的过程中，可以产生一种类似“热气”的物质。比如古人在治疗西医所说的冠心病时说，“寒气客于背俞之脉，则脉泣，脉泣则血不通，不通则痛，按之则热气至，热气至则痛止。”

看看，这就是一个很有意思的病例：因为“寒气”这类病因，导致“背俞之脉”气血不流畅，进而导致冠心病的发作。这个时候，我们只要运用按摩这种方法来治疗，在一种“热气”的作用下，这个病人冠心病发作的所有症状就会得到缓解乃至治愈。

不要小看简单的按摩，根据现代科学的认识，按摩过程中，按摩对身体施加的手法动作，都可以产生两种反应。一种是生物力学的反应，就是说，当您在身体上施用按摩手法时，您所做的机械能就会变成热能。打个最简单的比方，比如您双手相搓，是不是会马上发热？您再看看手掌，是不是发红了？这就是一个动作的机械能转化为热能的最明显的现象。热能一旦产生，按摩的地方血管就会扩张，气血的流速就会加快，此时就可以产生两大作用。一是加快的气血可以给这个地方补充营养，另一个作用就是加快的血流可以促进代谢。举手之劳就可以带来这样的效果，这不是很好吗？

除了这种物理变化外，还有另一种更深层次的化学变化。在做按摩动作时，由于作用力是直接作用在人体的表皮，进而向人体的更深层次渗透，这种力的渗透作用可以促使皮下蛋白质的分解，可以促进分泌腺的分泌，可以促进神经介质产生等等一系列的生理化学的变化，那么，这些化学变化所产生的物质也有利于各种疾病的防治。

我再举一个常见的例子，就是一个人便秘了，先不说穴位上的操作，就算您只帮他做个摩腹的动作也能见效。摩腹就是一个机械动力，可以对他的胃肠蠕动起到一个加速的作用。与此同时，通过这个摩动，胃肠的消化腺体也会受到刺激而增加消化液的分泌，消化液增多，就可以润肠通便。还有，由于这种摩动刺激，也会使因为功能减弱而造成便秘的胃肠神经活跃起来。

大家看看，我这样一解释，您就会明白，按摩这种方法看似简单，其实大有科学道理，还不会对身体产生什么损伤或副作用。按摩的作用还不止于此，如果把它与中医所说的经络穴位相结合，它的用途就更多了，这岂不是“暗藏着更大的玄机”吗？

那什么是经络穴位呢？

比如，小孩子惹得长辈生气了，长辈就会不由自主地用手去推擦和摩按心口，这个通俗所说的心口就叫做膻中穴（气会穴）。有时候吃多了，胃胀不舒服，我们也会不由自主地去按摩肚脐周围。脐周可是有中脘、天枢、气海、关元等许多重要的穴位啊。您看，就是这些有意无意的做法，人类逐渐明白了这些动作和这些穴位能够治病防病。久而久之，这些能够产生良好疗效的部位，也就是刺激点，就被称作“穴位”。这些穴位串联起来就形成了一个经络体系，它是中医的基础内容之一。

打个比喻来说，穴位就如那些江河、铁路、公路的码头和车站，只有在这些地方，才可以进行物资的集散和转载。举个通俗的例子来说，我想大家就会理解了，譬如说，您从南京到上海去，坐火车要经过镇江、常州、无锡、苏州等城市，才能到达上海。穴位其实就好比是这些城市。

还有，大家一定都听说过人体有个叫“丹田”的穴位吧？武侠小说里高手练功，首先就要“意守丹田”。从字面上看，大家就可以理解，既然叫丹田，就是一叫沛｝“丹”的田地，这个丹是宝贝，在芒摧豫征人长生刁诺的一种物质。

中国古代时，造字多有象形的意思，您看“丹’’这个字外面好像是一个炉子，里面这一点应该就是冶炼而成的精华。有诗赞日：“丹田自种留岁月，玄谷长生续命芝，世人漫忙兼漫走，不知求己更求谁？”

如果您经常去耕种丹田、玄谷这些穴位，按中医标准的说法，就是经常用针、灸或是手去刺激它们，就会有诸如灵芝草一类的美好物质产生，帮您治病强身。那么有了这些可以留住岁月，保证健康长寿的宝贝，世上的人啊，您就不要到外面去四处寻找了，因为这些灵丹妙药就在您自己身上啊！

我的导引按摩金处方有何神效

在我的导引按摩金处方中，每张大处方有十招，全部练完大概需要15－－－20分钟。您在练习的时候，假如时间l紧或者身体不舒服，可以挑当中几个动作练习，练多久、练几次都无所谓，只要自己舒服就行。但有一样请记住，头尾的起势和结束的招式动作是不能省的。

这本书总体上贯穿了“治未病”的思想，提倡“生命在于运动”的养生理念，综合概括了中国古代“导引”和“按摩”两种传统健身方法。当然，这也是我40年行医经验的总结，加之本人又姓金，这个“金处方”就无形中多了一层意思。

金处方具有导引按摩两种方法的诸多优点，最重要的还在于这种方法在应用中没有副作用。在使用金处方的过程中，最好还能结合书中所介绍的小诀窍、食疗法和音乐疗法等诸多辅助疗法，这样多管齐下，效果会更好。

推广就要有说明，我的这套强身金处方就以回答一些朋友问题的形式代替说明书吧。

1. 本书的方法有什么特色

特色很多哦。比如我已谈过导引、按摩从古至今就是两种很好的防治疾病的方法，而我把它们的精华综合在一起，不就有了锦上添花的效果吗？

另外，我把传统的导引形式和经络穴位按摩结合而组成处方，针对五脏各自涵盖的疾病，对症使用这些处方，就能在防病保健方面取得更好的效果。这就是本书最突出的特色。

还有，在金处方中，我采用了新的方法，就是让大家跟着动作去想一个部位，而不是死守一个地方，这样就不会“想出毛病”。打个比方说吧，您老盯着一个地方看，眼睛会花，但假如您看的是一个在慢慢移动的东西，眼睛就不会花了。

2. 练习金处方多久才能起效呢

回答这个问题前，我要先解释一下“功夫”这个词。大家都知道，一切高深精湛技术的取得都要下功夫。简单地说，功夫就是“技巧加上时间”。那么，练习金处方，要想取得真正良好的治病保健作用，就要在掌握每个动作要领的基础上，有一个循序渐进的练习过程，就像服药一样，需要疗程和药效的积累，一言以蔽之，这就是身经百遍，功效自见！

3. 金处方做得不标准行吗

能做得标准固然很好，但是根据您的年龄和身体等具体情况，也不是千篇一律。您就是“照猫画虎”地比划下来，哪怕还有所“创造”，都是可以的。但是，呼吸一定要调匀，真正做到自然舒畅，尤其是有些动作绝对不可以憋气。另外取穴要准确，这样才能够保证效果。

4. 练金处方时如何集中意念

金处方里有意念的要求，但是不刻意要求，只要随着动作，心里想着手心的劳宫穴就可以了。简而言之，意念随手。当我们强调意守丹田的时候，您随着_ 呼一吸的呼吸形式想着脐下的部位也随之动作就行了，这样意念就可以集中了。

5. 练习金处方时应该怎么呼吸

在我的金处方中，都要求采用自然呼吸法，就是您平时怎么呼吸，还怎么呼吸。一般情况下，人的呼吸形式以胸式或腹式呼吸为多见，那么，这时如果就用意守丹田时来比喻，您就像在闻怡人的花香一样，腹部会自然地鼓起或者回缩，这就是自然呼吸。您能这样感受到呼吸的形式就可以了。

6. 每组金处方不练全套动作可以吗

一般情况下，我的金处方每张大处方有十招，全部练习完毕大概需要15~20分钟。您在练习的时候，假如时间紧或者身体不舒服，可以挑当中几个动作练习，练多久、练几次都无所谓，只要自己舒服就行。

但有一样请记住，头尾的起势和结束的招式动作是不能省的。要知道“断章取义”不完美，那么我们就要“善始善终”。就是从放松的状态开始，挑几个自己认为管用或者好练的动作练一练，最后还要回到练功前的放松状态去。

7. 卧病在床的朋友怎么练习金处方呢

老年人或是久病在床的朋友活动起来不大方便，加上身体虚弱，没有力气去完成金处方里要求的动作。这时可以采取一种自己感到最舒适、最省力气的姿势，或坐或躺，或者动都不用动，直接闭上眼睛，想象有一股气正随着处方里要求的动作走，一路畅通，直击动作目的地，并且“冲撞”出了酸胀的感觉。

刚开始想象的时候，可能不太容易想准规定的部位，也想不出有实际动作时能产生的感觉来。不要紧，“只要功夫深，铁杵磨成针”嘛，花点工夫用想象来练习。总有那么一天，您就会发现，您已经能自如地调动您的意念了并让它代替手脚对身体的某些地方进行按摩了。

最重要的是，这么一想，原本有些堵塞的经络，也会被“意念”产生的气疏通。如果经络通了，那么，按照中医里所说的那样就会“通则不痛”，病患也会被疏通出去了。

第十章　天行健，君子以自强不息——强身健体金处方

劳而不疲，生活快乐——打倒亚健康

我就是听了你的话，坚持做了你教给我的那套强身健体金处方。一段时间后，精神和身体好多了，后来我索性什么药都不吃了，就是每天像服三遍药那样，坚持按照强身健体金处方练习，看看我，现在真是又活过来了……

有一年冬天，我接到一个儿时就很要好的老同学的电话，电话中他的声音差不多可以用“微弱”来形容。我大吃一惊，原来这个老同学说话声音洪亮、中气十足。他说他近来身体很不好，希望我能去看看他。我觉得情况比较严重，于是立马和另一位老朋友一起赶到他家。

我的感觉很准，老同学比一年前消瘦了很多，而且憔悴不堪。细问之下，他告诉我，他这几年工作压力比较大，特别容易疲劳，精神抑郁，做什么事情都有力不从心的感觉，而且经常莫名其妙地紧张。饮食不香，说话都没有力量，有时候气还接不上来，全身都感到很不舒服。去医院详细检查，吃了很多药，觉得没有一点好转，而且感觉各种症状越来越重……

我看了他的一大堆检查报告，好家伙，真可以说是“一网打尽”，连最先进的心脏核素扫描、金指标动脉导管造影都做了。这么多检查项目，只怕没有两万块都做不下来呢！

从检查报告上看，老同学没什么大毛病。但是，我还是仔细地从中医的角度给他做了诊察，望、闻、问、切四诊合参，必须承认老同学确实算不得健康了。他所说的心口不舒服，在中医里叫“胸痹”；精神不济或是心情不畅等等，也可以用中医的“郁症”来解释；感觉疲乏虚弱等等，用中医的“虚证”来概括也合适。

我看了他当时从医院买的中西药物，这要是按照医嘱吃的话，那可真是每天都要喝几碗苦水，吃一大捧药片啊！难怪老同学吃饭不香了，吃那么多的药，哪还有胃口吃饭呢？

看着老同学痛苦求助的神情和眼前的一大堆药物，我一下陷入尴尬的境地。是呀，这时我再开药，明显是多此一举，而且不合时宜了，进退两难中脑海里不由浮现出前贤的感叹：“人之所病，病疾多；医之所病，病道少。”这还真是应景呢，我这个医生此刻不正是窘于可用的方法太少吗？还有什么办法能帮助老同学解除病痛呢？

就在我发窘时，同来的那位朋友轻轻地插话说：“你以前教我的那套自我导引按跷的强身健体处方，他是不是也可以用呢？”

真是一语惊醒梦中人！是啊，我怎么就把这个方法给忘了呢？它可帮过不少病人的忙，老朋友还戏称它是我的“独门绝技”呢！

于是，我胸有成竹地对老同学说：“从检查结果来看，我觉得你没多大毛病。你现在的所有症状，说到底就是因为你的身体承受不了那么大的压力和劳累而出现的亚健康状态，只要好好调节，很快就能恢复的。”

老同学一下子释然了，催促我给他开方。我笑着对他说：“放心，你想吃药，我还舍不得给你吃了呢。”说完，我就在老同学原来的那一大堆中西药中，选择了一两种辅助治疗药，接着，为他开了张消除亚健康的强身健体处方，并拉着还有点将信将疑的老同学操练了起来……

不久就过年了，再见到这位老同学，是在春节团拜聚会上。

两人一照面，他就紧紧握住我的手大声说道："大教授来了，正在和大家讲你了不起呢！我就是听了你的话，坚持按你教给我的那套强身健体金处方来练。一段时间后，精神和身体好多了，后来我索性什么药都不吃了，就是每天像服三遍药那样，坚持按照运动处方练习，看看我，现在真是又活过来了……"

确实，现在的他面色红润，神采奕奕，和半年前判若两人呢。那天的新春聚会，好像都是他在唱主角。他兴奋地说起自己治病的经过，说完还自告奋勇地教聚会的老朋友做我的那套强身健体金处方上的招式……聚会结束的时候，又是我的这位老同学首先向我发问："大教授，你给我开的治病处方怎么会有这么好的效果呢？"

在朋友们热切的注视中，我笑着做了解释：大家一定都知道"生命在于运动"这句名言吧？其实，我们的老祖宗在3000多年前就说过类似的话"天行健，君子以自强不息"，意思是说要想身体不出任何问题，就要像天体一样动个不停啊。以后才有一个近代的法国医生说："运动可以代替药物，但是所有的药物都不可以代替运动。"这句话更为深刻，那也还是我们老祖宗所说的翻版。

大家都知道名医华佗吧，他老人家就总结过包括这个法国人所说的内容，他说的一段至理名言包含的深刻寓意还更多呢。他说："人体欲得劳动，但不当使极耳，动摇则谷气得消，血脉流通，百病不生，譬犹户枢不朽耳。"意思是说，人只有坚持去做适合自己的一些运动，才能加强消化等功能，产生人体赖以生存的气血类物质，从而让我们人体组织器官处在一个健康的状态中。大家说，这是不是用运动替代吃药的最权威解说啊？

周围老朋友们连连点头，我那老同学则连珠炮似的向我发问："大教授，你那张处方怎么就能治好我的病呢？里面有什么诀窍啊？你还能多教我们一些防治常见病的运动保健处方吗？"

我说："按照我的诊断，你是典型的亚健康状态，又叫慢性疲劳综合症。"

为什么这么说呢？根据世界卫生组织的权威说法，亚健康状态有24

种常见症状：

1. 浑身无力；
2. 容易疲倦；
3. 头脑不清爽；
4. 思想涣散；
5. 头痛；
6. 面部疼痛；
7. 眼睛疲劳；
8. 视力下降；
9. 鼻塞眩晕；
10. 起立时眼睛发黑；
11. 耳鸣；
12. 咽喉异物感；
13. 胃部不适；
14. 肩颈僵硬；
15. 早晨起床有不快感；
16. 睡眠不良；
17. 手足发凉；
18. 手掌发粘；
19. 便秘；
20. 心悸气短；
21. 手脚麻；
22. 容易晕车；
23. 坐立不安；
24. 心烦意乱。

大家对照看看，这24种症状里，假如您至少占了七八种，那能舒服得了吗？这些症状如果经常出现，那您肯定就是隐形的“不健康人”了，发展下去，就是真病了。

那么，怎样才能有效地防止这些亚健康症状的出现呢？那就要用到我下面提到的强身健体处方了。

我的强身健体金处方有何神效

强身健体金处方是一张通用大方，经常练习它，不仅可以强壮五脏，而且还能激发出潜藏于人体的大药，从而增强人的免疫力，有效调理各种内脏疾病。

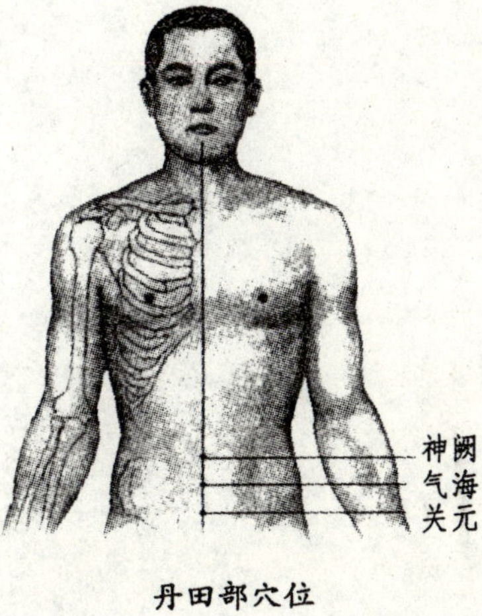

丹田部穴位

怎么才能不生病呢？从古到今，医家们都在琢磨这个问题。中医几千年前就说过，“上工治未病”，“圣人不治已病治未病”，意思是在疾病来临之前做好预防工作。

而我的强身健体金处方也是根据“上工治未病”这个原则创立的，它由10个小招式组成，好好使用它，您就可以有效地远离亚健康。

需要提醒大家的是，在开始练习前，您得先把自己调节到一种良好的状态。具体方法如下：

1. 松静站立，不要刻意用力蹬腿，双手下垂，伸直手臂，舌尖抵住上颚，保持均匀呼吸。

2. 眼睛微闭，想象自己身处非常幽静的公园里，吸进了满鼻的清香。这股香气在体内缓缓地向下流动，来到了脐下三横指的下丹田部位（包括关元、气海、神阙等穴位）。

3. 把这股清香留在丹田中，保持三分钟。

在正式做以下每一招式时，您的意念，也就是注意力，都要随着运动时手的动作去想象，这就叫“意念随手”。

强身健体金处方第一招——开阔胸怀

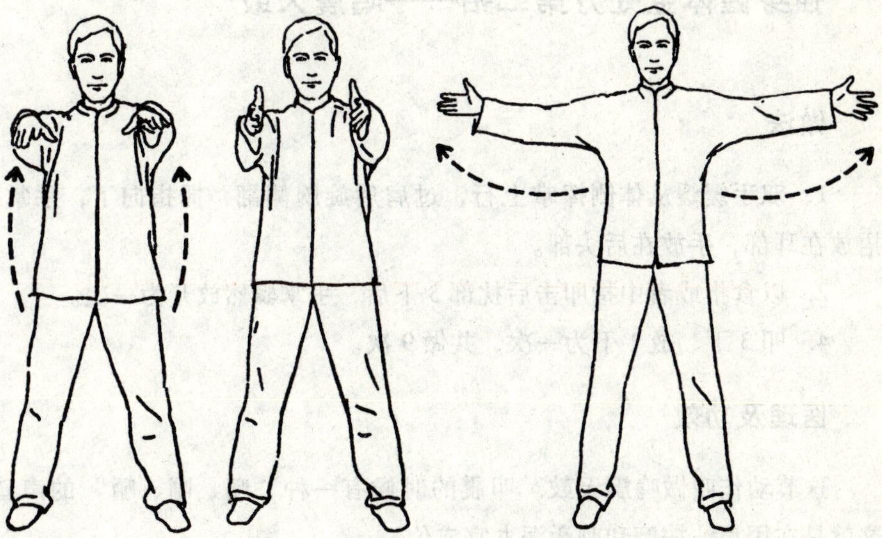

做法

1. 手臂缓缓由体前向上平抬，掌心向下，边吸气边抬至与肩平。

2. 向外侧转动手腕，变为掌心相对。

3. 深呼吸，做扩胸动作，胸部随吸气的深入而向前挺出，边呼气边按原动作路线返回。

4. 一吸一呼为一次，共做10次。

医理及功效

这节动作实际上是一种最好的有氧运动，它可以帮助我们吸入更多的氧气（自然界的清气）。对中老年人来说，最好的运动就是轻度、中度的耐力运动，也就是有氧运动。因为运动强度大了，氧气供应跟不上，人体内就要采取一种复杂、特殊的方式来间接补充血糖，保证肌肉的运动，这叫无氧运动，它对人体一般是有不小伤害的。强身健体金处方作为有氧运动，非常适合中老年人。

强身健体金处方第二招——鸣震天鼓

做法

1. 双手缓缓从体侧捧掌上行，过肩后旋腕侧翻，拇指向下，手掌心捂放在耳部，手放在后头部。

2. 以食指或者中指叩击后枕部3下后，手掌骤然放开为一次。

4. 叩3下、放1下为一次，共做9次。

医理及功效

这节动作叫做鸣震天鼓。叩震的时候有一种“嗵、嗵、嗵”的声音，这就是在用声波按摩和刺激泥丸宫穴位。

泥丸宫穴不在体表，在头脑正中。具体的位置在两条线的交点，一条是从两耳尖连线的中点（即头顶的百会穴）向下所做的垂直线，另一条是头后枕骨粗隆到眉中印堂穴的连线。

用声波震动按摩这个穴位对身体有什么好处呢？中医称“泥丸宫穴,，为“上丹田”，认为对它进行刺激，就可以生出健康长寿的宝贝，也就是理想中的灵丹妙药来。

从现代解剖学的角度来看，这个穴位正好处于人体生命中枢所在的位置，此处有着现代医学称之为下丘脑、脑垂体、松果体等组织，它们都是生命中枢的重要部分，这些组织的生理功能正常，人体才健康。因此，您每天做一做鸣震天鼓这个动作，就能使这些组织释放出更多有益的生理、生化物质，从而达到调节神经功能、增强全身各器官、系统机能的目的。

为什么口“鸣天鼓”呢？中医认为，头是人体一个至高无上的宫殿，

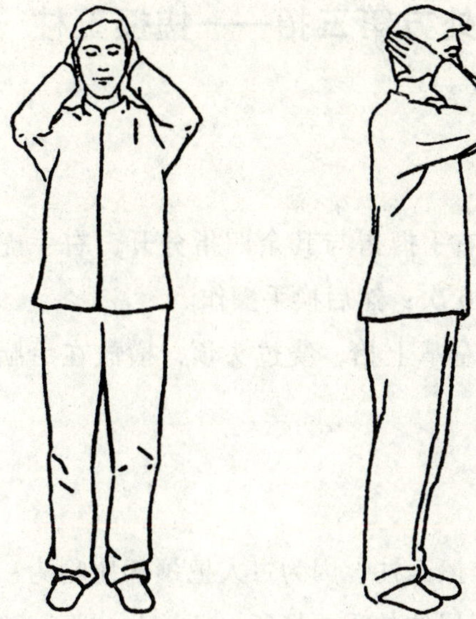

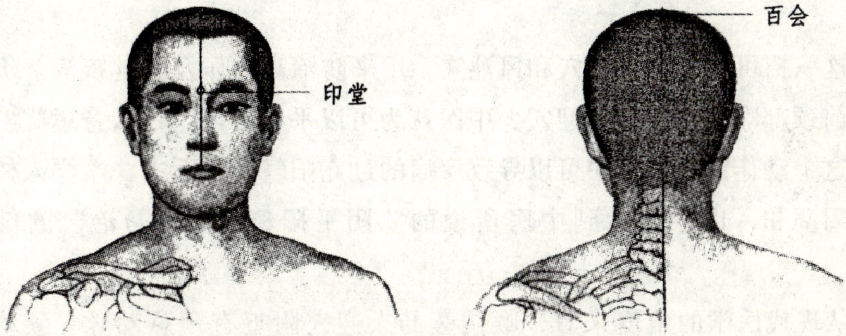

名叫天庭，这里面驻有中医所说的“神明”（生命的主宰），通俗点说，也就是国家最高领导的住所。一个国家要兴旺发达、繁荣富强，就必须要上下一心、共同努力，因此要保持紧密的联系。如果老百姓有了问题，怎样才能与最高领导取得联系呢？古时候不是每个衙门或是朝廷门口都有一个大鼓嘛，老百姓就是通过击鼓来报告下面的情况，这就是鸣天鼓的形象解释。

强身健体金处方第三招——搓擦玉柱

做法

1. 左手叉腰，右手拇指与其余四指分开，右手虎口叉在颈前部，均匀用力，上下擦动36次；然后换手操作。

2. 右手叉腰，左掌上抬，绕过头顶，横放在后脑发际部，左右擦动后颈部36次。

医理及功效

这一招起名叫搓擦玉柱，因为古人把颈部比喻为一个支撑头部的大柱子，认为头就是君王居住的重要场所（天庭），那么这根大柱子就是栋梁，被尊称为玉柱便恰如其分了。

这一招可以刺激人迎穴和风池穴，用来防治高血压及其他疾病。纵向擦动前颈部喉头两旁的人迎穴，中医认为可以平潜肝阳。什么意思呢？就是说这个动作能把人体中可以导致疾病的过亢阳气平息下去，这样人体才会阴阳调和，也才会达到中医所说的“阴平阳秘，精神乃治”的健康状态。

从现代医学的角度来看，喉结旁的人迎穴附近有颈总动脉、颈动脉窦，同时，颈前部还有甲状腺组织，经常擦动它不仅可以把您的血压维持在一个正常状态，还能促进它分泌人体需要的生长激素。

另外，横掌来回擦动颈后部的风池穴也是很有用的。中医认为，人体除了“喜、怒、忧、思、悲、恐、惊”这七种情绪的变化可以致病外，还有一种外来的邪气也会让人生病，那就是自然界的“风、寒、暑、湿、燥、火”这“六淫”之邪。六淫中，又分为阳邪和阴邪，其中风、暑、燥、火是阳邪；寒、湿就是阴邪。阳邪的特性是向上行走的，而阴邪的特

性是趋于下行的，这样说来，寒和湿这类阴邪，一般是影响不到头部的。

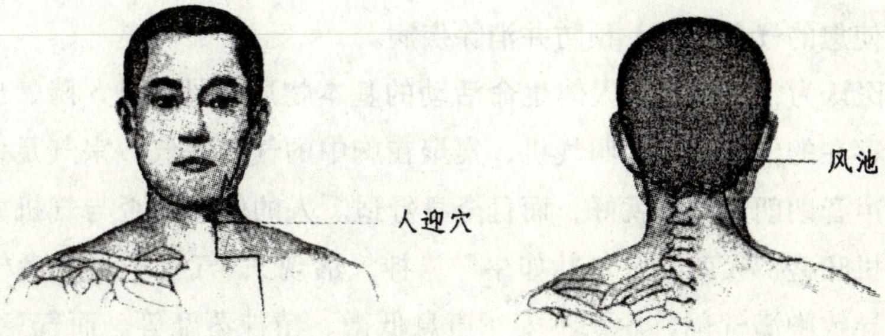

但是，因为“六淫”邪气里，风邪为“百病之长”，是说它有带领和先导的作用。而寒、湿这些阴邪，也可以随着风邪向上，直犯头部的。所以，您要想不受这六淫之邪的害，首先就应该想办法把风邪挡住。而颈后部的这个风池穴，顾名思义就是一个聚集和驱除风邪的池子，它就像古代皇宫外的护城河一样。您来回擦动颈后部的时候，就能反复刺激这个穴位，发挥驱除风邪和其他外邪的功能。

另外，从现代医学来看，您的颈后部位有椎基动脉，经常擦动颈后部位可以加强头部血液的供应，使您的头脑清醒，同时还可以调治颈椎病呢。

强身健体金处方第四招——舒解气会

做法

1. 两手手指交叉，向上抬起双臂，掌心向胸。

2. 全掌放置在前胸部，两拇指紧贴，放在两乳中间的气会穴（膻中穴）处，用力均匀，上下擦动胸部72次。

医理及功效

您练习这一招式，其实是在刺激人体重要穴位——膻中穴（气会穴），它可以使您的气息畅通，预防并消除疾病。

中医认为，气是构成人体生命活动的基本物质，是以升、降、出、入的形式存在的。气的运动叫气机，集聚在胸中的气叫宗气。宗气足，呼吸深长，声音朗朗，身体就好，而且全身舒适。人的健康与否与气机大有关联，气机旺盛，人就会“气壮如牛”“神气活现”；气机不足或者气机紊乱就会导致胸满气闷、烦躁不安、声息低微、精神萎靡等。而气息奄奄，神气涣散，就表明人体气机严重不足，生命功能低下了。

膻中穴（气会穴）在您两乳连线的中点。这里是人体气机聚汇的地方，它也叫中丹田，是产生宝贝的地方。而摩擦气会穴，可以蓄积宗气（集聚在胸中的气机），使气息畅通。

生活中，如果有人惹您生气了，您就会不由自主地擦拍胸口，这种下意识的行为，就是在摩擦气会穴解气呢。

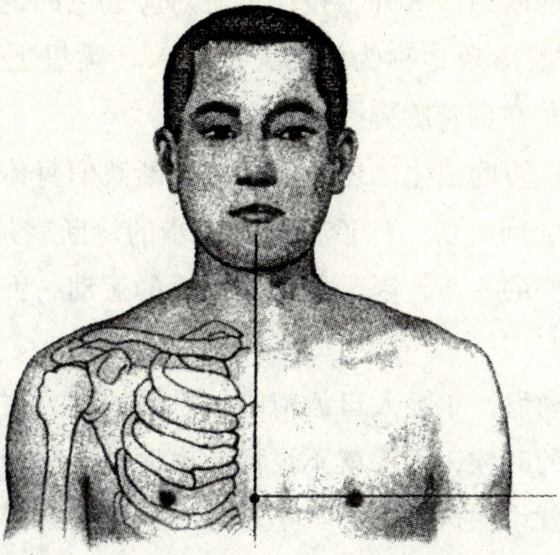

现代医学认为，胸骨下有一个叫胸腺的组织，它在人的儿童和青年期可以释放一种叫T细胞的免疫物质，这种物质能够增强人体抵抗力，使人不容易生病。而随着年龄增长，这个组织就会逐渐萎缩，T细胞释放的免疫物质少了。但是，根据现代科学进一步的研究，成年后，如果您能够经常揉擦这个部位，还可以刺激胸腺组织，从而强加人体的负疫力。

强身健体金处方第五招——赤龙搅海

做法

1. 两腿分开站好，双手叉腰，缓缓转动腰部。

2. 头先从左向右缓缓旋转9圈，舌头也按从左到右、从上到下的顺序在口腔里摩擦转动9圈。

3. 随腰反向动作，头部和舌再同法反向操作9次，最后将搅动舌头产生的唾液缓缓咽下。

医理及功效

为什么叫“赤龙搅海”呢？中医认为“舌为心之苗”，意思是说舌和心脏在经络上有着密切的联系。另外，按照五脏对应五色的说法，红色属心。于是古人把您的口腔形象地称为沧海，而舌头在嘴里上下前后地转动，就好像一条红色的龙在翻转腾挪。

舌头可以帮助发音，协助消化，还可以用来判断我们身体的好坏。我们常说的中医“望、闻、问、切”四诊，这第一步的诊断就是“望”，其中观察舌象又是非常重要的一步，因为您可以从舌的运动、舌质和舌苔等看出人体是否健康。

生活中，小孩伶牙利齿，年轻人口齿清晰，思维敏捷，这都是健康的表现。人在病重或衰老的时候，舌头就不灵活，说话也不利索了，舌头的颜色也变为暗紫色。这就说明这个人心气不足导致了气血瘀滞，预示着这个人心功能有问题，可能患有冠心病这类心血管疾病。

为了保持心血管的健康，我建议您要经常做“赤龙搅海”的这个保健动作。通过舌头的转动，就能激发心气，增强心的生理功能。

另外，我还建议您经常大声地读书报，人在发音吐气时心情会很舒畅。同时，也活动了舌头，从而激发心气，使得心脑健康，思维和记忆力都不会衰退。这个方法我在老年大学和老干部协会教过许多老人，他们使用后，不仅口齿灵活了，中气也足了，还更加精神了。

“赤龙搅海”这个动作还有第二层意义，您试试看，舌头在牙龈上来回地摩擦，在嘴里来回地搅动，是不是产生了大量的津液啊？这个津液能滋润人体组织器官，它含有的大量消化酶还可以帮助我们消化，而且唾液里还具有一些有益人体健康的重要物质。

人到了一定年纪以后，会感到口干舌燥，年龄越大越是这样。中医解释说，这是肾阴匮乏，肾水不能上行，也就是不能产生津液并把津液输送到口腔。其实，这也可以说是身体机能低下，口腔里的唾液腺开始萎缩，所以津液不能大量产生和分泌了。这是很不好的，因为津液少，人体的免疫力就会降低，还会影响到消化吸收功能。

您看，舌头的“舌”旁边加一个三点水是什么字呀，就是“活”，中国的文字真是妙。如果舌旁没有水了呢？那就不可以称之为“活”了吧！

也就是说，舌头如果没有了水（津液），就表示人的生命也将终结了。您看看，嘴里的津液对人体有多么重要！

强身健体金处方第六招——摩转脘腹

做法

1．双掌相叠，沿着肚脐从左向右、从小到大画圈摩动 72 次。

2．从右向左、从大到小摩动 72 次。

医理及功效

《十叟长寿歌》里说“腹宜常摩”，是说您应该经常揉肚子。因为揉肚子可以调节您的消化系统，它堪称是人体自生的“消化灵”大药，像消化系统的两个最常见的病症——便秘、腹泻，都能通过它得到较好的防治。

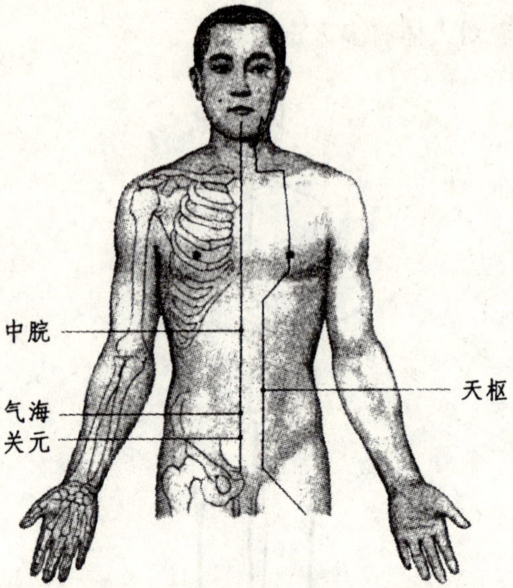

脐周穴位

为什么呢？因为按摩脘腹能刺激肚脐旁的天枢、中脘、气海和关元等穴位，这些穴位自古以来就是防治消化疾病的良穴妙药。另外，按摩会导致皮下组织、神经末梢产生化学物质，加上穴位本身具有的治病功能，这样就会促进或者抑制胃肠的蠕动，从而使得胃肠功能紊乱以及受到的病理损伤得到调节和恢复，从而防治诸如消化不良、腹泻、便秘等一系列疾病。

按中医的说法，我们的身体可分为先天和后天，而脾胃功能是属于后天的，只要后天的消化功能好，人能吃得进去，消化吸收得好，自然就不愁身体不强壮了。

强身健体金处方第七招——揉按三里

做法

1. 先做左前弓步，左手食指、中指相叠，放在左边足三里穴上，右

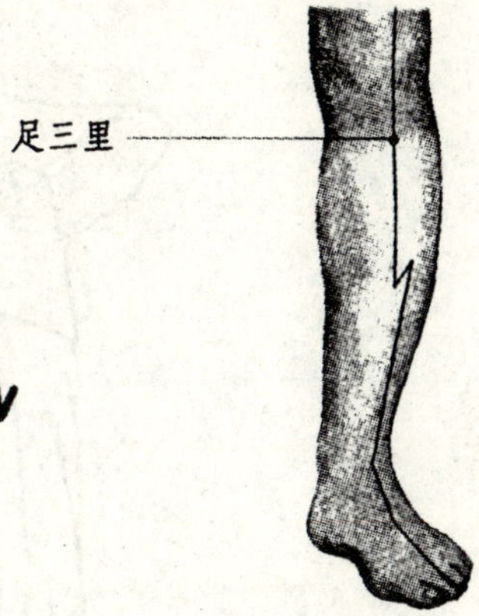

手叉在右腰部。稍稍用力做前弓下压，左手指随之揉按穴位，一起一伏为一次，10 次后换方向重复做。

2. 左右弓箭步各做 10 次。

医理及功效

足三里这个穴位是人体的一个很重要的穴位。它的位置在膝盖下三横指、胫骨外一横指的地方。它就相当于中药里一味叫做黄芪的强身健体良药，补气的力量很足。

在日本，有一句很有意思的谚语，叫“不和没有按足三里的人同行”。意思是说，不要约事先没有按揉或是用其他方法刺激足三里穴位的人远足，因为如果他不按足三里穴位，他身体的气血供应跟不上，耐力不如别人，就会拖同伴的后腿。

当然，这只是一种笑谈。但从另一个角度也说明了足三里这个穴位的重要性。难怪，有人更形象地说，“每天拍打足三里，赛吃一只老母鸡。”

强身健体金处方第八招——振奋命门

做法

双手握拳，用拳眼或者拳背叩击包括命门这个穴位的上下左右，因为这个地方拥有许多与命门穴相关联的重要穴位。

2. 边叩击边做弯腰动作，共做72次。

做法

1. 找准命门穴，它在腰部，就是肚脐眼正对的腰椎下面凹陷的地方。

2. 在叩击的同时，配合一些弯腰的动作，增强身体韧带、骨骼的伸屈和收缩功能，从而进一步固肾强本。

3. 另外，在做这一节动作的时候，我建议您同时还要叩牙齿，就是在每叩击一下腰部时，上下牙齿就用力叩击一下，也做72次。

医理及功效

叩击命门穴有什么好处呢？我们常说“人老腿先老，人老腰先痛”，这是因为腰在中医里被称之为“肾之府”，也就是说腰是肾脏居住的房子。

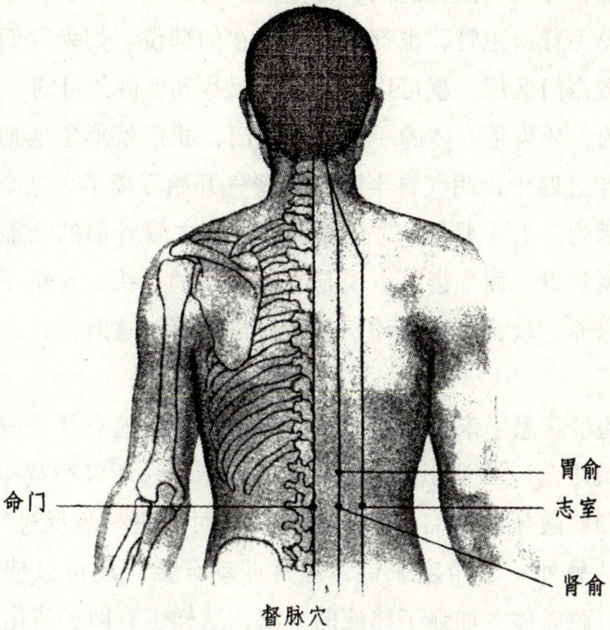

足太阳膀胱经

在中医里，肾脏可以说是人体重要的脏器，所以又被称做人体的“先天之本”。它不光具有现代医学所说的泌尿、生殖功能，同时还能贮藏人体的精气，另外还有主骨、生髓、充脑等许多重要作用。

中医认为，先天的不足或是后天生病、衰老都会影响到肾脏，这个脏器一旦不好或是功能衰退了，人的身体就会走下坡路，也就会“百病丛生”了。其中，腰部问题最常见。很多人都有这样的感受，身体不好时，站一会儿腰就很酸痛，按照我们中医的说法，这就表明您的肾气不足或是肾气开始衰弱了。

那么怎样才能保护肾脏呢？

既然“腰为肾之府”，我们就先来修理肾的房子吧！这就要加强腰部运动并刺激命门，因为命门是生命的门户。而中医认为肾脏所主管的、人体赖以为本的“先天之精”就藏在此处。

中医为了说明这个区域的重要，还在命门的两旁以肾和它的功能来命名了两组穴位，分别叫做肾俞穴和志室穴。由此可见，包括命门和命门周围部位，都是为肾所主管，也都是肾脏所在的部位。如果我们经常叩击这个部位；刺激命门区域，就可以调节肾气，达到保健的目的。

中医认为，牙齿是人体的一个重要关门，我们就形象地把它叫做玉关吧。当人“年过四十，阴气自半”时，肾气开始亏虚了。这个时候，身体开始下滑。因为“肾主骨”，就是说肾脏还有主管骨骼的功能，这样人的骨骼也会有所衰退。而牙齿可以说是人体最小的骨头，肾精不足，牙齿得不到充分的滋养，就会逐渐松动，甚至慢慢脱落。这时候，人体的消化功能也就变差了。

所以，为了防患于未然，您要经常叩击牙齿，这有什么好处呢？按照中医“齿为骨之余”的认识，牙齿是骨头的末梢。所以经常叩击牙齿，除了可以震动和刺激牙齿骨骼使其坚固外，还可以进一步反过来激发肾气，强壮肾脏。从另外一个角度来讲，经常叩动牙齿，还可以使牙龈得到锻炼，并刺激口腔腺体，加强了津液的分泌，这样也有助于消化。

联系到这个动作，这里我还想讲一个很有意思的小常识。就是有人强调在小便的时候要咬紧牙关，这也是根据中医知识而衍生出来的保健常识。人们常说人有五官七窍，其实应该是五官九窍，除了两眼、两耳、两鼻孔、一张嘴外，还要加上前后二阴。而这前后二阴的功能就归肾气管束，因此为防止大小便时体内的肾气过分宣泄，这时候咬一咬牙齿，也就从另一种意义上起到了固肾保健的作用了。

“勿以善小而不为”，您不妨在生活中试试这些小方法。

强身健体金处方第九招——扭转乾坤

做法

1．弯腰，双手下垂，然后以腰为轴，双手臂从左到右、从下向上自然挥动。

2．仰面转动时，双臂再由上向下重复动作；如是转动9圈后，再换方向转动9圈。

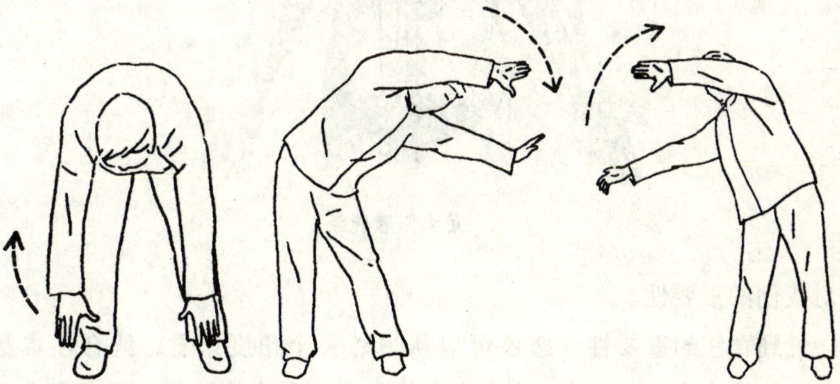

医理及功效

脊柱在人体中有着重要的地位。西医认为，一旦脊柱正常生理功能改变，就会压迫和刺激周围神经而影响人体的运动和内脏生理功能，还可能引发各种疾病。

其实，中医早就认识到脊柱对人体的重要性了。您看中医经络理论中，脊柱两旁通过的足太阳膀胱经就是人体最长、穴位也最多的一条，而且还是围绕脊柱两侧各行两条经络。这还不算，在靠近脊柱的第一侧经络上，就分布着肺俞、心俞、肝俞等等靠近各自内脏器官的穴位。中医里还这样权威地向我们介绍说："背俞穴治内脏病。" 意思是说，找准并刺激这些穴位，可以对它们相对应的内脏起到更好的治疗保健作用，由此可见脊

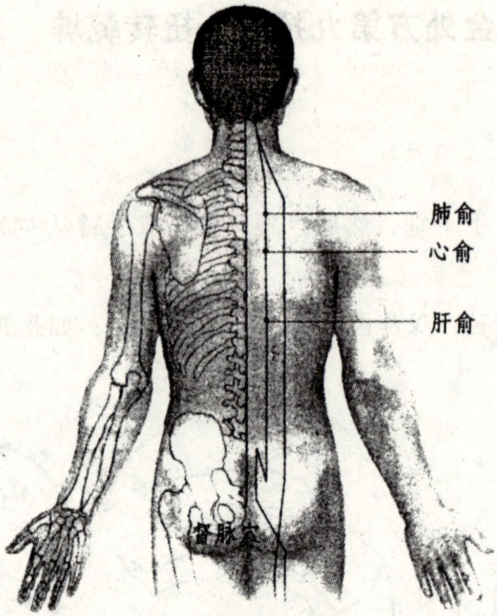

足太阳膀胱经

柱对我们的重要性。

说到脊柱的重要性，您还可以从另外一个角度来看，就脊柱本身而言，中医认为脊柱正中有一条督脉，而这条经脉在中医经络系统里有着很重要的地位，被称做“阳经之海”，是身体所有阳经经脉的总统领。而督脉的作用主要是率领全身的阳气，阳气又是人体健康之本。人体任何部位阳气变化和病邪产生都与督脉阳气的盛衰变化有关。那么一旦发生脊柱损伤、错位等，就可以造成督脉经络不通，阳气减弱、气血运行受阻，从而压迫通往内脏的神经，导致脊柱局部病变或脏腑病变。

可以这么说，脊柱就像人体一条运行气血的高速公路。对脊柱病和与脊柱相关疾病的研究也是目前一种时髦的研究趋向，不管中医还是西医，大家都认识到脊柱病与人类许多疾病有紧密的关联，特别是与内脏的许多疾病有关。

从以上种种分析情况来看，简单地转动腰肢也就很有深意了。那么这节动作起名为“扭转乾坤”，是不是也就很有点名副其实了呢？

强身健体金处方第十招——周天调息

做法

1. 直立，全身放松，双脚平肩宽，双手自然下垂。

2. 静立片刻后，双臂侧平举，掌心向下，像闻花香一样深深吸气，腹部鼓起。

3. 双臂平举到肩部时，翻掌让掌心向上；深深呼气，收腹，双手向上划弧至头上方；手臂经体前自然划弧，落回体侧。

4. 如此一呼一吸为一次，共做9次。

医理及功效

这节动作是导引中的一个常规动作，它的本意是让气息随手包裹周身，体现天人相应的道理。通过深呼吸，带动了胸、腹腔的纵隔组织大幅度地起落。这样不仅增大了换气量，加强了人体的新陈代谢，还由于纵膈大幅度的起落，对胸腹内的各个脏腑、器官进行了按摩。

现代科学研究发现：有意识地深呼吸还能调节神经系统功能，刺激处于内脏腔隙等处的结缔组织的功能，从而促进免疫因子的产生，进一步增强人体免疫力。这就是我们人体防止疾病和健康长寿的根本因素啊。

以上我系统地向大家讲述了中医导引按摩金处方的第一张大处方——强身健体金处方，它能有效地防治亚健康，还具有很好的保健功能。我还是希望大家您能把十个招式连起来反复练习。这一章之所以讲得这样细，是想让大家对中医知识、中医运动保健形式先有一个完整的认识。在这个基础上，我想以下我再讲的内容，就可以简明扼要了。

说到这里，我还想提醒大家一点：不管以上介绍的这组处方，还是以后将要介绍的其他保健处方，您要想取得强壮养生和防治疾病的良好效

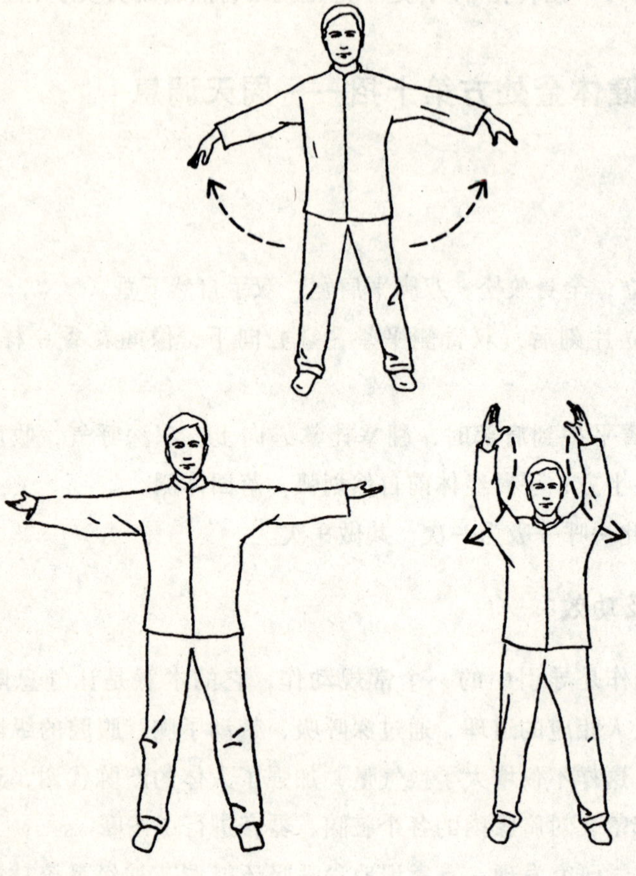

果，就一定要坚持锻炼，也就是舍得下“功夫”。其实“功夫”的含义，就是时间加上技巧，也就是说掌握了一定的知识和技巧后，还需要长时间地去复习和练习，只有这样才能掌握真正的“功夫”。甚至可以说，任何方法都是这样，只有持之以恒地练习，您才能领悟其中精髓，为自己、为家人、为朋友找到健康之路。

保证五脏强壮的导引术

导引是中医治病六大法之一，在这里，我给大家推荐五个非常简单的导引小招式：站功疏肝，坐功养心，走功健脾，口吐字诀来宣肺，想象五色就补肾。

这本书主要介绍如何用导引、按摩这两种方法来防治疾病的运动处方。练导引有许多好处，很令人向往，但学起来有点麻烦，有些朋友想知道还有没有更简单的方法，能够一学就会，而且可以随时随地地操作。

我还真有这样简单的方法，那就是针对肝、心、脾、肺、肾五脏的五个简易导引小招式。您不妨利用闲暇时间，做做这些小招式，这可是不可小觑的好方法，经常练习还有助于您健康长寿呢。

下面介绍的这些导引小招式，有以下几个共同特性，了解后您就可以放心地操练起来了。

这几个特性是：

1. 兼顾五脏，针对性强。简易导引法虽然简单，但是对全身的脏腑和器官都有保健治疗作用，选练时，针对具体的脏器，将起到更大的作用。

2. 可以见缝插针，学练方便。这些简易方法随时可练，随时可做，在时间上不受限制，比如下面要讲的坐功和站功，利用间隙时间就可以做了。

3. 在意念和呼吸上没有特殊要求。上手快，没有副作用。这是说，在做这些动作的时候，不需要恪守意念。虽然说练导引最重要的就是调心，也就是强调意念和注意力。但是，我们在做的时候，只要意念跟着动作走，主要是意念随手。手动，意念就随之运动；手停住了，您就想着手掌正中的劳宫穴。另外，采用自然呼吸就行，就是按照您原来的呼吸方式就可以了。

站功补肝最快——肝性属木站如松

这个功法是针对肝脏的，简单说来就是站功，取自古代的导引站桩功。站立的要求是“站如松”，也就是稳稳当当地站立在大地上，像生了根的松树一样挺拔、扎实。

金庸的武侠小说里曾有一段这样的描写：一群侠客混战，当中一个武艺非常高强的，碰到了更厉害的人，被人家一掌打下去，上半身飞掉了，下半身还兀自立在原地。哈哈，技不如人啊，但即使这样，我还是很佩服这个侠客，他的下肢功夫已经练得很了得了！可惜上部功夫稍逊。

他练得好的功夫，就是我这里所要说的站功。我当然不是要求每个人都能练到这样的程度，但是起码一条，站住了，站稳当，这是必须要做到的，也是完全能做到的。

为什么说站功对肝脏有好处呢？因为根据五行的说法，肝是属木的。如果把人体形象地比作大树，那么，大树要扎好根，和大地紧紧连接，才能吸收到养分，茁壮成长。同样的道理，人也需要接收来自大地的能量和气息。练站功，目的就在于使人和自然相通，接续大地精华之气，为强壮身体打下良好的基础。

古希腊神话里有个大力神，只要脚站在大地上，就有取之不尽、用之不竭的力量，可是一旦离开大地，他就没有这样的力量了。在中国武术里面，练功的时候，往往都是以站桩功为基础的，少林寺的僧人练功的时候，站桩是必不可少的基本功。古代武将练功时也要站桩，它的好处就在于增强了腰腿部和下肢的力量。

古人有“基实宅安”和“筑基壮体”的说法，这就形象地指出，练功就像盖房子前要打地基一样，地基牢靠，房子才会结实。练好站桩了，人体的气血才会更加旺盛，身体也才会更加结实。

肝脏属性为木，您想想，通过脚底的涌泉穴把大地的精华之气连续不断地输送到身体中去，不就相当于给肝脏增加养分了吗？肝脏主管血液，血足气旺，这是不是对身体很好呢？所以这个功法的作用主要是加强对肝

脏的保养和锻炼，能强健肝脏，更有利全身。

做法

1．两脚分开，同肩宽，膝盖挺直，站成内八字型，自然呼吸。

2．双掌相叠，放在脐下丹田部位，像枝繁叶茂的大梧桐树一样，稳稳当当地长在中原沃土上，接通天地之清气，让这团轻灵、芬芳之气托起您的肝，在云海中轻轻飘荡。

3．脚尖和脚跟着地，脚掌悬空，吸气时想象气从大地经脚心的涌泉穴向上流到丹田，呼气时再从丹田下行，经脚心的涌泉穴入地，在丹田和涌泉之间上下来回涌动。

4. 跺脚，结束动作。保持站桩姿势 10 ~ 15 分钟。

注意事项

1. 双手放在丹田部位的时候，想着用这个部位进行呼吸。

2. 静息片刻，采取踵息法，想象气流在涌泉和丹田之间来回涌动。

3. 注意收功，做跺脚的动作。跺脚实际上是使肝气得到最好的宣泄，对调节肝的疏泄功能是很有好处的。

4. 做功的时候，要做到站如松，身体不要来回摇晃。

医理及功效

人身体上有三个丹田。上丹田的位置在我们两眉中间，就是印堂穴；中丹田在我们两乳连线的中点，叫膻中穴；下丹田在脐下三寸的关元处，也有说在脐下一寸半的气海穴。我们练导引时，只要没有强调上中下，讲到的丹田一般都是指下丹田。

涌泉穴，顾名思义，就是指泉水源源不绝地喷涌而出。这个穴位是足少阴肾经的原穴，寓意脚底在和大地接触的时候，可以从这个部位汲取大地的精华，滋养全身。同时在做功的过程中，通过踵息的方法，再把体内一些需要疏泄的气息，向下传输给大地。这种形式，也就完全符合了肝主疏泄的生理特性。

像菩萨的心一样好——心平气和坐如钟

这节介绍的是坐功，主要是针对心脏，出自佛家的坐禅。禅的意思是“专一”。坐功的要求是坐得端正，呼吸均匀，心态平和，应和于心脏宜静不宜动的“火”性。

相传达摩祖师面壁十年，保持坐禅的姿势不变，以至于外面的光线把他的身影投在墙壁上时，这个影子都能嵌到墙里去。这就是“坐如钟”的最高境界了。

唐朝的大诗人白居易也经常练坐功，而且用诗句来描述自己练功的形态和感悟："负喧闭目坐，和气生肌肤。初似饮醇醪，又如蛰者苏。外融百骸畅，中适一念无。旷然忘所在，心与虚俱空。"这段话描写了他练坐功时达到了忘我境界，人很舒服，一如饮琼浆美酒，还似沐浴春风般美好，使他陶醉。还有一些练坐功的大家能做到"心如潭水静无风，一坐数千息"，进入"万物静观皆自得，四时佳兴与人同"的境界中去，心态极度平静。

打坐可以养心，这我在题目上就指出来了："心平气和坐如钟"这句话本身就很有意思。为什么说坐功对心脏有好处呢？我们知道心属火，宜静不宜动，所以"坐如钟"的状态下可以养心。钟走动的声音很有规律，正常的钟表，秒钟走动的间隙是不会改变的。

您在练坐功的时候，如果达到了像古代高僧那样，坐正了，纹丝不动，心里面没有一点波动，那这种状态对于心脏本身，包括精神状态的健康，都是大有益处的。

做法

1. 端坐在地上，像僧人打坐一样挺直腰背，双手放在膝上，微闭双

目，舌头抵住上颚。

2. 想象自己正处于香烟袅袅的禅房中，钟鸣磬响，远方若有若无地传来诵经声。

3. 深吸一口檀香味浓郁的空气，细细品味它的芳香，微微露些笑意，把这股荡涤心灵的神秘香气送入腹中，纳入丹田收藏，腹部因充满芳香而隆起。

4. 香气巡行于丹田，渐渐淡去，沿来路返回鼻中，徐徐吐出，默默数着呼吸的次数。

5. 如此往复，直至忘却形骸的存在；搓热手掌，五指分开，自下而上擦过双颊、鼻翼、头顶、耳后，回到脸颊。

注意事项

1. 坐姿端正，头要放正，下颚微微内收，眼皮微合，眼观鼻，鼻观心。要知道，钟是没有歪歪倒倒的，人既然是模仿钟的，当然也不能歪斜。坐功刚开始的时候，如果不能端正姿势坐很久，可以背靠椅子，但是“功夫”的取得，正坐非常重要。

2. 呼气的时候要微微挺腹，吸气的时候收腹。意念在下丹田部位，时间长了以后，丹田这一块的感觉就能逐渐产生，最好的状态就是丹田部有微热的感觉。古人赞叹这种感觉说：“养得丹田脐暖热，不是神仙也寿长。”可见这对人体的健康确实很好。

3. 收功时干浴面的动作一定要做。做这些简易功法，时间不拘，但形式还是要一致，这样更有利于身体的健康。

医理及功效

舌抵上颚可以接通任督二脉，令气行顺畅，将清气源源不断地吸入体内，排出浊气，让心灵安憩；擦脸令人恢复动态，重返熟悉的生活状态。

长寿在于走动——脾喜逍遥神仙步

这节介绍的是行功，也就是走路功，它主要是针对脾脏的功法。具体要求就是舒舒服服的甩手走路，用“逍遥”来形容，就是要达到全身舒适。

我们知道运动对人体的重要性，说长寿在于走动，一点都不夸张。唐代的药王孙思邈在他写的《卫生歌》里教人们一种养生方法，可以说是我接下来要讲的“神仙步”的源头。他的方法是：吃过饭之后慢走百步，一边走一边用手去搓肚脐和腹部。

孙思邈活了一百多岁，可见这种方法对养生的益处。后来民间流传的《十叟长寿歌》，那10个长寿老人各自介绍了10个方法，其中就有3个是和走有关的，比如“安步当车久”“太极日月走”和“饭后百步走”。这就充分说明了行走对人体的重要性。

在这里，我用“脾喜神仙逍遥步”来做题目，就是为了进一步强调行走不光对人的整体有益，更主要的还是针对加强脾脏的功能而言。

为什么行走对脾有好处呢？因为脾的最大特点是运化，也就是运动、化生，把吃进去的食物消化后加以吸收。只有动，它才能够进行这种运化功能，这我们从生活中就能体会到。吃饱了，我们感到肚子很胀，但是吃完饭后外出走一走，或是轻松地动一动，不要多久，肚子就很舒服了。所以说，这个行走动作对脾脏最好了。

闲来无事时，去外面晃晃，看看风景，不慌不忙地站定，想想要去哪里，迈步出去，脚跟着地，自然甩动双臂，拇指和食指互相点一下，这样衣食无忧、家庭和睦、心无挂碍的生活，就连神仙都要羡慕呢！至于时间，长短不拘，饭后走到肚子不胀、舒坦即可。

做法

1. 调整呼吸的时候，要全身放松，意守丹田。

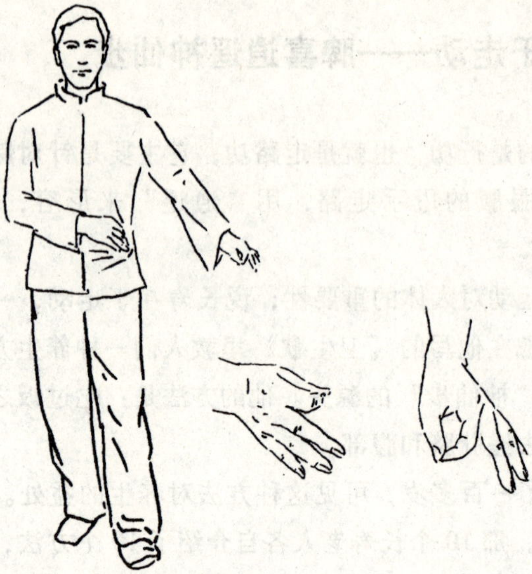

2．走动的时候，意念灵活地游走在拇指和食指间。

3．甩手要自然，幅度要适中，不要过高或过低。步伐要适中，快慢随心所欲，要感到逍遥自在、舒适。慢一些不要紧，要根据身体情况调节。当您需要加强运动量时，可以略快一点，但呼吸要能跟得上。

4．收功。在行走过程中要停下来时，要由快到慢，逐渐进入松静的站立状态，再调整一下呼吸。

医理及功效

拇指是手太阴肺经的终止部位，食指是手阳明大肠经的起始部位，两手指交接，这两条经脉里运行的经气也就交接了。我们全身的经气积聚在腹中，首先就是从这个部位的肺经起点开始，一直运行到起于食指的大肠经，大肠经又和胃经相交接，而胃经和脾经互为表里。经过这样的交接，可以说，消化系统的组织器官都有关联了。而消化系统的功能，在中医里都是以脾来作为代表的，所以说这节动作对脾脏的功能有着很好的激发作用。

彭祖的长寿秘诀一肺吐字诀经气通

吸进足够多的新鲜空气，吐出体内的浊气，再大声发出和肺相应的“咽”字，就可以替我们的肺穿上一件由清气做成的“防弹背心”，一步到位养好它。

肺脏在五脏六腑中位于最高处，只要有外邪侵入，便首当其冲，故有“肺为娇脏”的说法。在这里，我有个护肺的小功法介绍给大家。

做法

1. 想象自己在山林中修炼，万籁俱寂，皓月当空，站立或是端坐，隐隐捕捉到月中桂花树发出的香甜气息，若有若无，陶醉地吸入，唯恐漏掉一丝“宝气”。

2. 清香在五脏六腑间拂动荡涤，把有碍修行的浊气裹挟而去。

3. 存留在丹田中的清香空气推着浊气向上徐徐呼出，神清气爽，慨然发出“咽”音。

注意事项

1. 调匀呼吸。眼睛微微闭住，就像看到自己的鼻子，呼吸要振动发音器官，吐气要尽，不能吐一半字音就闭气。

2. 长呼长吸，意念随手。打坐的时候可以想到丹田或者手心；手臂有动作时则想着手上的劳宫穴。

3. 旁若无人，善始善终。有人的场合下，可以不出声，但一定要旁若无人地张口吐气，呼吸一定要深，一定要做完。

注意事项

肺在六字诀中的音域是“咽”。但在简单导引里，如果您不能记住这个字的发音，也可以随声所发，简单是第一位的，对发什么音不做什么特别的要求，只要在呼气的时候自然地发出您想到的任何一个音，也就可以起到一定的效果了。

补肾势不可挡——肾观五色养脏腑

由想象五脏所对应的颜色来养生，就是按五脏相生的顺序，用它们喜爱的颜色来激发它们的战斗力，向“先天之精”要力量，磨砺之下，肾也就“精气神十足”了。

苏东坡对炼内丹十分入迷，创造出了一种由想象五脏所对应的颜色来

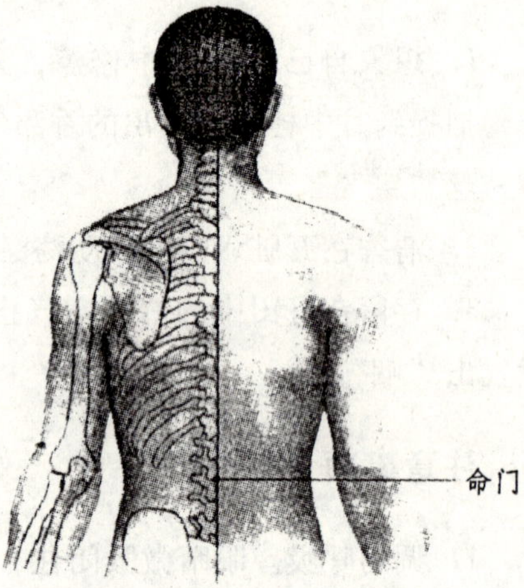

督脉穴

养生的“独门功夫”。练习之后，感到“功用不可量，比之服药，其效百倍”。他认为肾、肝、心、脾、肺五脏分别对应黑、青、红、黄、白五种颜色。现在，我们就来学习这种想象五色的阿视法，一步到位养好我们的肾，领着肝、心、脾、肺去欣赏它们喜欢的色彩并畅游天下。

做法

1. 像刚入寺院修行的俗家弟子一样，随意盘坐或端坐于地；
2. 随钟磬响动嗅闻禅室中的香火气息，眼微闭，默想五色轮换，眼

中仿佛看到黑色瓷器那样润泽的颜色，由浅入深，终至有光泽的黑色；

3．黑色瓷器消失，接着出现青绿色的草原，起初模糊，渐至清晰；

4．草原上方升起彩虹，它那柔和的红色渐渐在您的眼前变得清晰；

5．彩虹尽处是秋天金黄色的麦浪，一阵风过，麦浪滚滚；

6．麦田上飘过朵朵白云，自得那么纯粹；

7．白云慢慢地飘移着，云层中又隐隐现出黑瓷器的轮廓来，循环往复，舌头在口腔中搅动伸缩，最后将口水缓缓咽下。

注意事项

1．吐纳要长，不可急躁；

2．颜色由浅到深，逐渐明朗，想象形象饱满的东西，明暗对比要大；

3．一定要做好舌头在嘴里搅动的收功动作。

医理及功效

观五色为什么有这样的效果呢？因为肾是周身元气所在，肾的关键部位叫命门，它藏有先天之精，就是人体的原动力所在的地方，是五脏功能的源泉。通过五脏相生的次序，想象五色的交换，可以使每一个脏器得到调节的同时，而最终加强肾脏的功能。

第十一章
天将降大任于肝——疏肝理气金处方

人生诚可贵，肝命不可违

如果说肝的疏泄受到了阻碍，也就是身体的某些部位有违“将军之官”的军令，那么这些地方就会出现“乱弹琴”的状况。人的身体就会出现烦躁、胸闷、胁肋胀满、饮食不香，甚至水肿、月经不调等多种疾病。

中医把肝比喻为身体内的“将军之官”，说明肝有“八面威风”的特性。

其实，肝最主要的特性在于主疏泄。“疏泄”就是疏通和宣泄。怎样理解呢？先让我举几个通俗的例子。生活在大城市的人，一定对堵车印象很深，高峰期时，有时汽车能排出好几百米，这个时候就需要有人进行交通疏导。再如雨水过大，下水道来不及排这么多的水，这个时候就需要有人帮助疏通。生活中，我们需要各种各样的疏通，我们的身体也需要一个总指挥来进行协调，做好这些工作。

人体更是随时需要保持疏通才不会出问题。比如，您的呼吸要保持通畅，才不会有憋闷的感觉，这是不是一种疏通？您的血液需要顺畅的流动，这是不是一种疏通？您吃过饭之后，食物需要尽快地消化掉，要不然会感到肚子胀，这是不是一种疏通？您的心情不好，心情郁闷，找到排遣途径后心情变得舒畅，这是不是一种疏通？还有，女人的月经，男人的射精，这些也都是需要疏通的。

是谁在主管人体的这些疏通问题？就是肝脏。中医认为，肝脏就是负责疏通和排泄的大将军。

肝脏在履行“疏泄”功能时，主要采用“升、降、出、入”等方式对全身气机进行调节，推动着全身脏腑的正常运动。换句话说，我们的大将军主管着体内“气机”的运动，这种运动就像将军颁发军令一样，是不能违背，不容讨价还价的。

中医说“肝喜条达”，就是说大将军喜欢服从军令的顺从行为。于是，在疏泄也就是军令畅通的情况下，人体的气血通道（即经络系统）就可以顺达畅通，人体的脏腑器官的生理活动就正常；这还能推动全身气血和津液的运行。增强脾胃的消化、吸收等。这种情况下，人体就会表现出生机勃勃的健康状态。

再说个形象的例子，大家听过一首叫做《将军令》的古曲吧？乐曲开始时信马由缰，轻松散淡，逍遥自在，这时就好比军令畅通；但是很快乐曲变调，嘈嘈切切，风云突起，这时可能军令不通，将军要大发脾气了……根据这个例子，不难理解，如果说肝的这种疏泄受到了阻碍，也就是身体的某些部位有违“将军之官”的军令，那这些部位就会出现“乱弹琴”的状况。身体气机不通畅，人的身体就会出现烦躁、胸闷、胁肋胀满、饮食不香，甚至水肿、月经不调等多种疾病。

由此可见，我们人体内的肝脏——大将军的军令是不可以违抗的，套用葛优主演的《天下无贼》里的一句话就是：“将军很生气，后果很严重。”所以在生活中，您一定要绝对服从军令，让全身的气机通达，一路畅通无阻。

诸葛亮为什么会气死周瑜

我说大名鼎鼎的诸葛亮也会“导引”，您可能不相信，那我就说给您听：《三国演义》中有着一段非常精彩的描写，就是诸葛亮三气周瑜的。周瑜用尽心力，可谓机关算尽，却敌不过诸葛亮环环相扣的妙计，每次都被气得半死。几次三番后，周瑜最后哇哇大叫三声："既生瑜，何生亮?!"接着口吐鲜血，郁愤而终，被活活气死了。

您听到这里，会说这不对啊，您不是说诸葛亮会导引吗，怎么扯这么个故事呢？实际上，我说的诸葛亮会"导引"，是说他懂得医学道理，知道肝的功能和气的一些知识，并且把它巧妙地运用到战争中去了。

我前面说过，在人体内，肝是将军之官，主要具有疏泄的功能。另外，肝还担负着"主情志"的职责，就是在疏泄功能良好的情况下，还统管人体的喜、怒、哀、乐等情绪变化。但是如果肝的疏泄失常，将军令行不通，将军就要大耍威风，大发脾气了。

怒这种情绪与肝的关系最为密切，所以人大怒之下最易伤肝，这又反过来导致疏泄失常。由于疏泄失常，将军本来就会生气，这时生气就是发"怒"，犹如火上加油，肝气就会更亢奋，血也随气上涌，从而导致面红目赤、吐血、卒然昏倒，甚至死亡。

您看，周瑜一生都被诸葛亮所制约，够闹心的了。本来他的肝疏泄功能就不好，很容易生气，在关键时刻，诸葛亮又火上加油，把他气得暴跳如雷。这种情况下，他就被诸葛亮活活地气死了。

说到这里，您或许会说：哦，是这样啊，诸葛亮会的不是导引，而是"气攻"，是利用肝脏的特性来消灭敌人啊！

是的，这样理解没错噢，但我要提醒您的是，我讲的是医学知识，是教您掌握身体的生理特性，用来做相应的保健防病，可没叫您学诸葛亮那样用"气攻"伤人哦。

如果人体的血库越来越空

很多人都献过血，那么大家献出的血液都到哪里去了呢？这些血都储存在血库里以备不时之需。当患者需要血液的时候，就从血库取出来使用。那么，人体自有的大血库在哪里呢？

中医认为，肝脏具有贮藏血液、调节血量的功能，相当于人体中的血库。血液主要由脾胃消化吸收的水谷精微变化而来，血液生成了之后，一部分就被人体中的各个组织脏器利用了，另一部分就贮藏在肝里了。

人体各组织器官的血流量一般根据人的自身状态和外部环境变化而改变。当您从事体力劳动的时候，四肢要用力，四肢的血流量就增加了；当您进行脑力劳动的时候，大脑的血流量也会相应增大。有时候，您刚吃完饭就感到头有些发困，就是因为这时候大量的血集中到胃肠消化食物去了，大脑中的血流量减少了。

那么，到底是由哪个脏器来负责调整血流量呢？还是肝脏。“肝主藏血”的功能也包括了这方面，就是当人体的某个部位需要增加血液时，肝脏就会将储藏的血液输送到相应的部位，保证这些脏腑组织器官有充足的血液；而当人体某部位需要的血液量比较少的时候，一部分血液就会流回肝脏储存起来了。

肝同时肩负“水库”和“水闸”的功能，身体各个组织器官只有在得到肝血的濡养情况下，才能够正常发挥作用。因此，中医还给肝“颁发”了一个很重要的荣誉称号呢，那就是“肝为血海”。

您一定要不断创造条件，使得自己体内的肝血充足，只有这样身体才能健康。假如我们血库的血不足了，我们的身体就会处在一种入不敷出的拮据中，吃了上顿没下顿。

眼睛是肝脏的“窗户”才对

《黄帝内经》说过：“肝开窍于目。”好家伙，两千多年前就开过新闻发布会了，这可是千真万确的官方宣布啊，这么说眼睛可是肝脏的“窗户”哦。

为什么这样说呢？这是因为肝的经脉从足起始，沿下肢内侧上行到腹部，再由内在的络脉进一步和眼睛联系起来，所以才有“肝开窍于目”的说法。这个窍，就是身体开设在体表的“窗口”。

由于这祥的关系，深藏于身体内部的肝脏通过经络通道，将养分源源不断地提供给眼睛，这样，我们的眼睛才会顾盼生辉，灵活有神，才可以“发越光华”，就是不近视，有好视力。如果肝血不足或是肝的功能不好，我们的双目就会失去濡养，出现视物不清、眼睛干涩、毫无神采甚至呆滞等疾患。反过来看，如果您的眼睛不好，您的肝脏可能就有问题了。

那么，您如果还要接着问，俗话不是说“眼睛是心灵的窗户”吗？那又怎么解释呢？我们可以这样来理解：人体的精华都是由五脏共同产生和积聚的，都可以从自己在体表的窗口展现出来。

《黄帝内经》里是这样说的：肝在体表的窗口是眼睛，心在体表的窗口是舌头，脾在体表的窗口是嘴，肺在体表的窗口是鼻子，肾在体表的窗口是耳朵，其实还有前后二阴。您看，早就分配好了。

“肝开窍于目”，就是说眼睛是肝脏的窗户。可是，心却不干，它强词夺理，认为自己是五脏的“君主之官”，要耍特权，除了舌头这个窗口外，还要霸占眼睛这个窗口呢。大家就只好迁就它一点，再加上肝脏按照五行属相属木，而心属火，那又正是“肝木生心火”。这样看来，肝是心的妈妈，那就更要迁就自己的孩子，于是心就堂而皇之的说出“眼睛是心灵的窗户”了。哈哈，这样当然是种戏说，可是肝开窍于目，眼睛是肝脏的窗户，这可是没有错的啊。

行动灵活自如的秘密

中医认为，“肝主筋”。意思是说筋附于骨节，由于筋的弛张收缩，才使全身肌肉关节运动自如，但前提是筋必须得到了充分的营养才行。就是说，肝脏功能好，肝血充足，那么人体的筋腱组织才会得到濡养，这时候筋腱才会强壮有力，行动才会灵活自如。

一般情况下，您的肝脏功能正常与否，身体状况固然是一个影响因素，但年龄更是一个衡量标准。古人早就指出：“年过四十，阴气自半”，

“肝气衰，筋不能动。”这就是说，到了这个年龄以后，人的精血也就因消耗而减少了，人体运动功能也逐渐下降，这是筋腱失去精血充足的濡养而造成的。

这以后，与人体筋腱所关联的疾病就逐渐多了起来，比如经常会关节疼痛、腰背僵滞、腿脚抽筋，还可能患颈椎病、肩周炎等。您如果出现这种情况，就要考虑是不是肝脏出了问题。

肝血足，您的筋腱就会得到充分濡养，反过来，我们如果经常锻炼筋腱，使它一直处于良性状态，这样是不是就可以对肝脏起到一种刺激和促进作用呢？是不是可以保持和延缓筋腱及肝脏功能的衰退呢？回答当然是肯定的。

肝不好，人会生什么病

刚才讲了中医关于肝脏的主要功能。其实和肝有关的组织器官还有很多，这些都关乎肝脏的疾病。那么，哪些疾病与肝脏相关呢？

概括来看，肝者，在脏为肝，在腑为胆，在体主筋，开窍于目。这样，中医所说的肝脏病，对照现代医学病名，主要包括了部分消化系统疾病，如肝炎、胆囊炎、胆道感染、胆结石等一系列肝胆疾病；部分精神神经系统疾病，如肋间神经痛、三叉神经痛、美尼尔氏综合症、肝阳上亢导致的头痛、高血压（这种高血压的主要症状是头痛头晕、面红耳赤、胸闷急躁、大便干结等等）；手足拘挛、躯干及四肢筋腱损伤、肩周炎等软组织疾患；还包括甲亢、甲状腺炎、甲状腺瘤，以及近视、老化、青光眼、泪囊炎等眼部疾患。

那么，针对这些疾病，您在防治时就应该从帮助肝脏疏泄并增加其功能入手。我的疏肝理气方就是专门为防治这些疾病开的处方。如果经常练习这张方子的动作，就可以防治上述这些疾病，让您的身体更健康。

愿每个人都成为调治胆囊炎的大侠

如果您有胆囊炎，可以在腿上的阳陵泉和背后的肝俞、胆俞上用力地弹拨几下，而且大幅度地拉动上肢向体侧弯动。要忍住疼痛，放松呼吸，做做疏肝理气方的几个运动招式。也就是这样随意动动，就能很快缓解疼痛。

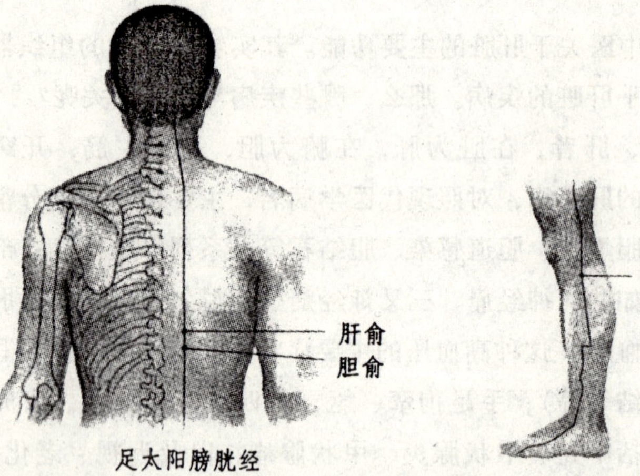

足太阳膀胱经

这天早晨刚起床，就听到手机传来铃声，咦，是谁有什么重要的事情吗？我赶快打开收件箱，映入眼帘的是这样几行字："金教授，您好！这么早就打扰您，请原谅！这段时间我练了您教我的疏肝理气方，胁肋已经不痛了，明天我就要回老家，今天能向您当面道个谢吗？"没有署名，是谁呢？我对着手机屏幕马上想起了一个名字，哈哈，是黄转青啊……记住黄转青是他这个有点特点的名字，另外还是在一个特殊的环境中……那是个风和日丽的春天的上午，我正陪着外地客人在我们南京著名的中山陵景区游玩，忽然听到一阵痛苦的呻吟声，循声看去，只见一个中年汉子手捂肚子蹲在一旁哼哼呢。

出于医生的职业道德和敏感，我马上走过去询问："您怎么了？"中年汉子暗哑着嗓子告诉我，他的肚子连着右边胁肋部位疼痛。我根据他所说的症状，通过中医的望、闻、问、切四诊判断他是慢性胆囊炎急性发作，看看他没有什么发热和急腹症的情况，就告诉他，不要紧的。接着就随手在他腿上阳陵泉和背后的肝俞、胆俞上用力地弹拨了几下，而且大幅度地拉动他的上肢向体侧弯动。我告诉他要忍住疼痛，放松呼吸，然后教他做了几个运动招式。也就是这样随意动动，他很快轻松起来，连连说："奇怪，怎么马上就不痛了呢？"他还问我，刚才教他做的动作是什么灵丹妙药。

那天我也有点时间，正好气候宜人，风景优美。于是，我就给这个中年汉子和一旁越聚越多的好奇游客们简要介绍了我的运动处方，并且还根据胁肋痛属于肝胆病的判断，完整地教了他一整套"疏肝理气金处方"。

中年汉子很认真地学着，并且还拿出了一个香烟盒把每节注意事项都记了下来……分手时，他一边感谢我，一边指着一旁刚发芽变绿的花草树木，介绍说他叫黄转青，是一个来南京学习的农村基层干部。他形象的自我介绍让我印象深刻！以后还几次接到他坚持练习疏肝理气金处方的电话汇报呢！

哈哈，这个黄转青，还是个粗中有细的人嘛，要当面谢什么嘛！我把运动处方教给他，为他解决了病痛，这是我这个医生应该做的事啊！

我的疏肝理气金处方有何神效

经常练习疏肝理气金处方，就能达到少生气、精神快乐、保肝利胆、调治肝胆疾病的好效果。

练习疏肝理气金处方的准备工作

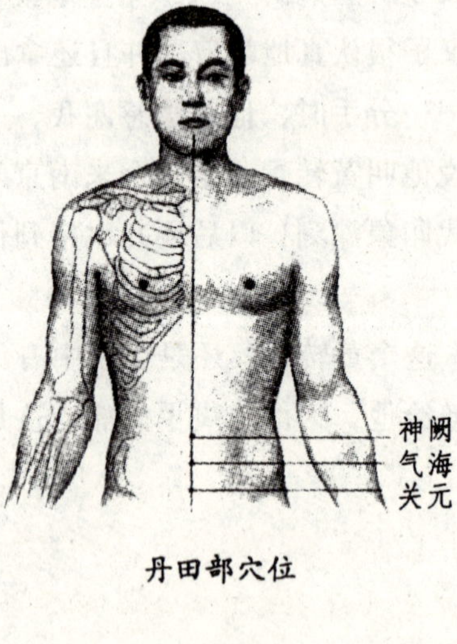

丹田部穴位

做法

1. 松静站立，不要刻意用力蹬腿，双手下垂，伸直手臂，舌尖抵住上颚，保持均匀呼吸。

2. 眼睛微闭，想象自己身处非常幽静的公园里，吸进了满鼻的清香。这股香气在体内缓缓地向下流动，来到了脐下三横指的下丹田部位（包括关元、气海、神阙等穴位）。

3. 把这股清香留在丹田中，保持三分钟。

在正式做以下每一招式时，您的意念，也就是注意力，都要随着运动时手的动作去想象，这就叫“意念随手”。

疏肝理气金处方第一招——起势调息

做法

1. 以肩部为轴，双手腕、肘自然下垂。

2. 双臂向上缓缓从体侧逐渐拧腕，掌心向下，平行上举到胸部，腿挺直，并配合吸气的动作。

3. 然后缓缓放下手臂，还原，并微微自然屈膝，配合呼气的动作。

4. 如此反复，共做10次。

注意事项

1. 全身放松，动作柔和轻缓，双手上行时吸气，挺直膝部；双手下行时呼气，屈曲膝部。

2. 尽量做到呼吸悠长。

医理及功效

经常参加运动的人都明白，一般开始运动时，都要求有一个和缓的热身动作，这个准备动作也一样，有利于身体的各种器官和组织进入运动状态。

疏肝理气金处方第二招——马步云手

1. 屈膝成半蹲状，上半身挺直，双手下垂。

2. 先以下垂的左手臂带动手掌上行，掌心朝向面部。

3. 沿着“体侧—小腹斜内上方—胸前—右眼前方”的路线运动。

4. 在额前翻掌，朝向左外侧，左臂缓缓向下划弧，回到体侧。

5. 右手按相反路线同时运动。如此左右如环绕动，做上 10 次。

注意事项

1. 挥动时，手掌放松，自然伸展，手臂弧形转动，同时双眼随两手掌起落，身体也随手的转换而稍微左右移动。

2. 做这节动作时，呼吸一定要自然均匀，身手圆润流畅，行云流水，一气呵成。

医理及功效

这节动作是太极拳的经典动作，强调手、眼、身、法、步整体协调，使全身气机流畅运行。

疏肝理气金处方第三招——转体推山

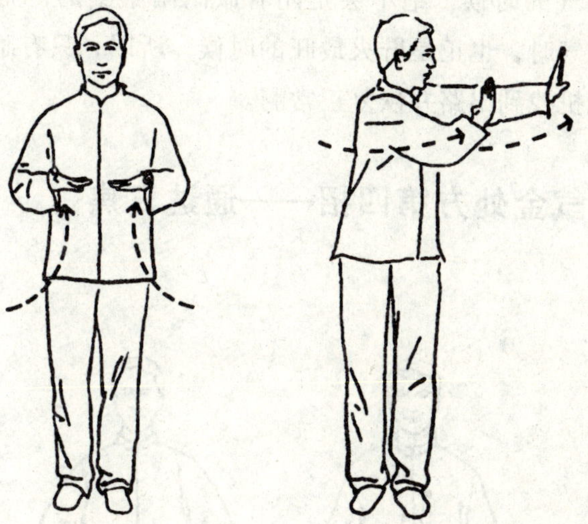

做法

1．双脚并拢，自然站立，双手掌心向上，指尖相对，像捧东西一样，将手掌抬至胸前。

2．以腰为轴，先尽量向后左转，同时翻转手腕，指尖向上，双掌向左后方尽力推出，左臂伸直，右臂屈肘。

3．保持动作片刻，头、掌同时收回正中；右转，反向推掌。

4．左、右合为1次，共做10次。

注意事项

1．左右转腰推出。

2．转头时一定要瞪眼相视。

医理及功效

肝、胆经脉分布在体侧，尽力转腰对肝的经脉是一种充分的生发和伸展。

眼睛是肝脏系统的窗户。肝气可以通过眼睛这个窗口来疏泄。大家一定看过，人生气的时候，绝不会是闭着眼睛瞎嚷嚷的，而一定是怒目而视。因为人生气时，也正是肝火最旺的时候，所以，只有瞪眼，才能帮助体内亢奋的气机找到出路并恢复正常啊。

疏肝理气金处方第四招——通达三焦

做法

1. 全身放松，自然垂手，正直站立，双手指尖相对，从体侧弧形捧掌上行到胸。

2. 掌心朝面，指尖向上，边上行边拧腕转掌，伸展到最高处时，掌心朝外。

3．拧腕转掌朝面，指尖仍朝上，下行至与双眼处在同一平面时，手掌渐横，屈肘平腕，指尖相对。

4．下行过胸后，两手掌渐分，并渐转掌心向下，各从乳旁斜向擦胁，然后放下，恢复原来垂手姿势。可反复做10次。

注意事项

1．动作要和缓协调。

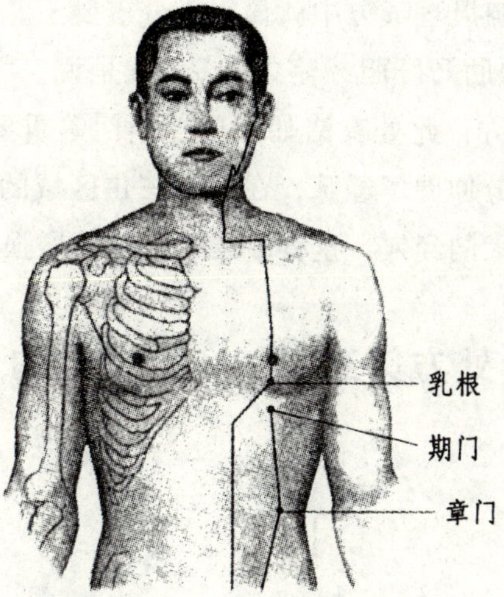

胁肋部穴位

2．尤其要注意各节手腕的翻转拧动，另外，手掌应斜擦胁肋落下。

医理及功交

我们先来说说三焦这个概念。中医认为人体五个重要脏器是肝、心、脾、肺、肾，还给这五个脏器各自配备了主要助手：肝和胆，心和小肠，脾和胃，肺和大肠，肾则和膀胱相配。它们之间的关系是表里关系，通俗点说就是夫妻关系吧。

在五脏系统中，围绕着心脏功能，还派生出一个叫做心包的脏器。它的职责是保卫心脏这个君主。既然这也是负责安全保卫的重要高官，那么也就要有优越的待遇。其他脏器都有表里的配合，那给心包匹配个什么呢？在没有找到的情况下，古人就又根据身体的具体情况，给心包配了一个相对应的虚拟脏器，就叫三焦。

其实，这个三焦不算实质性的，它涵盖了五脏所在的整个躯干。因为心、肺在最上部，那就叫上焦；脾胃位于躯干中部，那就叫作中焦；肝、肾所在的下腹部就叫作下焦。上焦、中焦、下焦合称为三焦。如果三焦气机通达，五脏就能正常运转，身体就有了健康的保证。所以，我们这节通达三焦的动作，在疏肝理气方中就显得十分重要了。

中医认为，“胁肋乃肝胆经略之地”，就是说，胁肋这个区域是肝经、胆经循行经过的地方，此处有诸如章门、期门等重要穴位。而手掌上升、落下这些姿势，充分伸展了经脉，在振奋三焦区域的同时，也由于经气的涌动刺激到了这些大的经穴，这样就最大限度地增强了肝脏的疏泄功能。

疏肝理气金处方第五招——揉按支沟

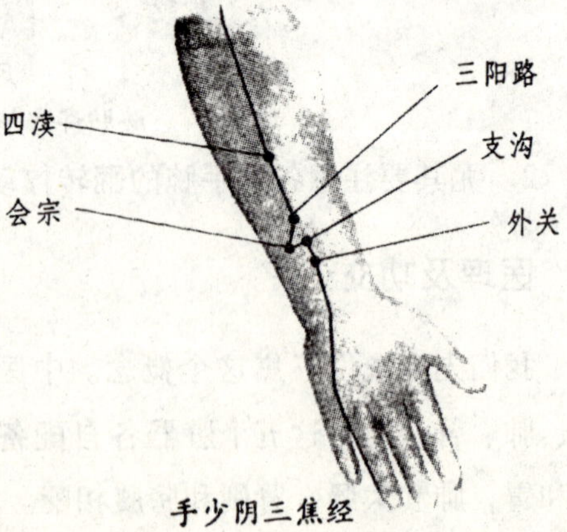

手少阴三焦经

做法

1．垂手站立，马步半蹲。

2．双手从体侧由下向斜上抄抱到胸前时，两手掌上下交叉，食指中指相叠在对侧的支沟穴上。

3．然后稍用力，一边按揉，一边先向左绕动两圈，再向右绕动两圈。

4．左右合为1次，共做20次。

注意事项

1．双手食指和中指相叠，揉按支沟穴位，支沟穴位在前臂背侧，腕横纹上四横指。

2．一边揉按，一边用肘带动屈曲的双上肢在胸前环形绕动。

医理及功效

通过揉按支沟穴位，可以进一步激发三焦的经气，保障整个三焦的正常生理功能。

疏肝理气金处方第六招——顶天立地

做法

1．双脚平肩宽，双手下垂，正直站立。

2．动作开始时，屈肘，双手掌心向上，指尖相对；上抬至胸，然后旋腕并慢慢翻掌。

3．双掌心对外，向头上方全力托举，且头微抬起，眼看掌背，同时全身用力，收腹挺胸，想象着经气沿腰部上升下降，双膝挺直，足掌扒地。

4．拧腕翻掌，掌心向面部，下行至腰部，翻掌向下，双手臂拧劲于

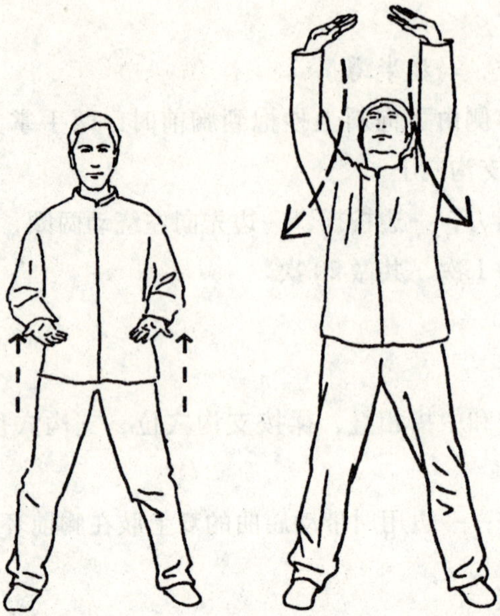

肩、臂、肘、腕、指。尽力斜向腰臀后下伸直，稍停放松，恢复原来姿势。

5. 如此反复做10次。

注意事项

1. 双手掌向上托举时，肘、臂挺直用力，抬头时，双目必须注视掌背。

2. 这节顶天立地，要求的是肢体、躯干以及全身肌肉、骨骼等等，都应该在整个动作中紧密配合。

3. 绵绵不断的呼吸。

医理及功效

这节动作叫作“顶天立地”，根据这个名字我们不难看出，如果一个人具有这样一种气宇轩昂的英雄气概，那一定处于良好的生命状态。而您如果常做这个动作，就会有益于肝脏的气机畅达，拥有健康。

疏肝理气金处方第七招——湖心划船

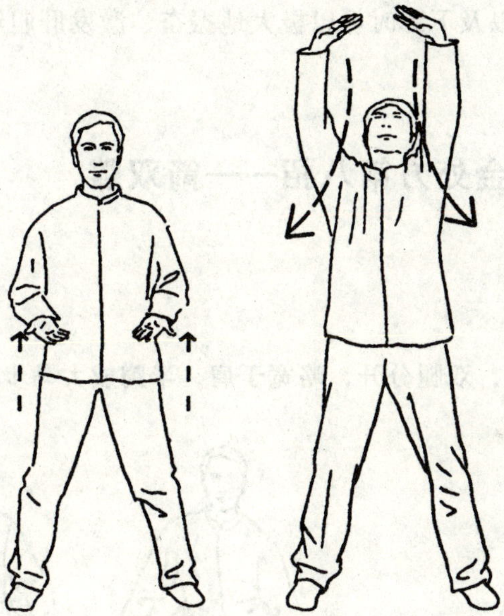

做法

1. 正直站立，双脚分开同肩宽，双臂平举至肩部。
2. 向内划弧上举，双掌心自然朝向头上部交叉。
3. 屈膝下蹲，双臂随之向下划弧下落，在体前分向两侧。
4. 顺势恢复原势。连做20次。

注意事项

自然呼吸，上下肢要协调，仿佛在碧波中悠然划船。

医理及功效

练习此招能够让身心愉悦并有利于肝气的疏泄，中医认为，凡是肝脏有问题的，一般都愁眉苦脸，这是肝功能不好的表现，因为“肝主情志”。所以说，保持愉快的情绪，就能调治自己的肝。

这个动作幅度较大，可以舒展全身经脉，尤其是肝、胆经脉都经过体侧和下肢，划弧以及下蹲时可以极大地振奋、激发肝胆经脉，促进肝、胆经气的宣发。

疏肝理气金处方第八招——箭双雕

做法

1. 挺直上身，双腿分开，略宽于肩，半蹲成大马步。

2. 双手掌按在膝旁，食指、中指点按在膝侧的阳陵泉穴上。

3. 双腿各做弓箭步，利用身体重心移动和左右屈膝伸腿的力量，加强点按阳陵泉的力度。

4. 重心来回移动，做 10～20 次。

注意事项

1. 向两边屈曲双腿，形成左、右的弓箭步。
2. 弓腿时，双手点按都要用力，才是一箭双雕。

医理及功效

这节动作的重点在于刺激穴位。按照经络理论的解释，刺激以其脏腑

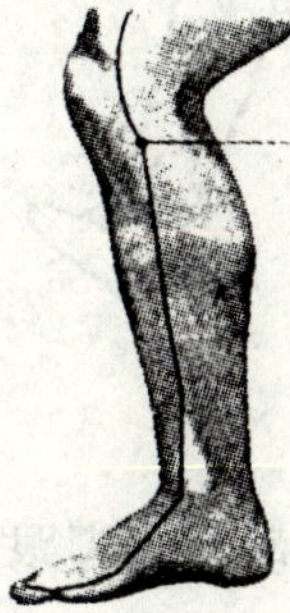

命名的经脉上的穴位，可以强健这个脏腑或是调治这个脏腑系统发生的疾病。

这节动作中，重点刺激足少阳胆经上的阳陵泉穴位。因为胆和肝有着中医所说的表里关系，再加上阳陵泉在经穴中被称作为“筋会”，具有主管人体筋腱的作用，所以阳陵泉历来被认为是优秀的疏肝理气要穴。

我建议大家，尽量每天都去按压按压阳陵泉这个穴位，比如看电视的时候，您就可以用手或是笔杆等物品去按压、敲捶。

疏肝理气金处方第九招——甩手逍遥

做法

1. 挺直站立，双腿分开略比肩宽，以腰为轴，身体左转，右手平掌

随身体自然向左上甩托。

2. 同时左掌自然向左腰下甩动，左脚跟着地，脚掌抬起，脚趾自然上跷。

3. 转体同法再做。左右合为1次，共做30次。

注意事项

1. 动作和缓自然，呼吸调匀，转体托掌、甩手翘脚时，身体自然后仰，微微挺胸，大有一种踌躇满志的态势。其实这节动作要的就是这种心态。

2. 注意托掌翘脚、后仰挺胸姿势。

医理及功效

身体健康的一个主要表现就在于心平气和、气定神闲，这节动作也是按照这种思路来设计的。

因为人体的经脉循行的起止多在指、趾之端，足厥阴肝经、手厥阴心包经的经气所起在手中指尖的中冲穴，所以，托掌、翘脚的动作就十分有

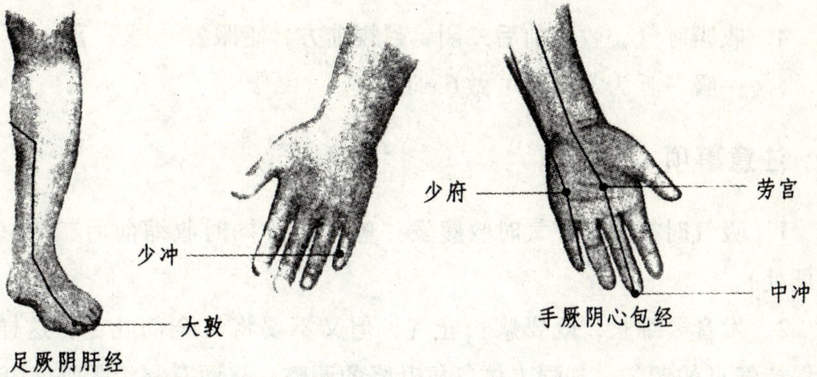

利于肝经经气的抒发。

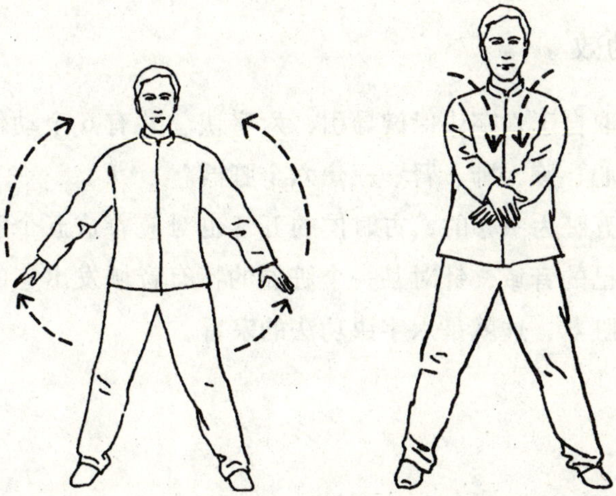

疏肝理气金处方第十招——瞪目嘘气

做法

1. 双脚稍分开，双手掌心向下，从体侧平举到肩。
2。翻掌，从体侧弧形过头落下，此过程应吸气挺腹。
3. 双掌重叠，放在肚脐或脐下三横指的关元穴部位，关元穴又叫下丹田。

4. 收腹呼气，收缩前后二阴，目视前方，瞪眼发“嘘”音。

5. 一吸一呼为1次，可做6~18次。

注意事项

1. 吸气时挺腹，呼气时收腹发“嘘”音，同时收缩前后二阴（即大小便处）。

2. 发音要绵长，既要悠长吐气，但又不要将气全部吐尽，这样才可以保持气息的调匀，加强人体气机升降的调整，从而有利于肝脏健康。

3. 做发音动作时，一定要瞪眼，瞪眼有利于肝气的抒发。

医理及功效

这节动作取自于六字诀保健导引，六字诀一共有6个动作，主要是对应人体的肝、心、脾、肺、肾、三焦六个脏器。

中医是以五脏为中心的，古时侯的五音也对应着这五个脏器。五个脏器都有适合自己的音域，针对某一个脏器的特有音域发出它的本脏音，就可以强壮这个脏器，这就是六字诀功法的宗旨。

第十二章
百病生于气，慈悲是良药

人有了慈悲之心，就会变得善良；人一善良，心就宁静。

宁静之心能让我们的身体远离喜、怒、忧、思、悲、恐、惊。善心犹如春雨，默默地滋润着身体，它能让气变得柔顺，让血变得通畅。所以，善是万病之药。

第一节 百病生于气，情深人不寿

我们知道人体内有个圆，这个圆究竟是什么呢？实际上它就是五脏六腑之气的运行路线图。现在来回顾一下——首先，肾水上承，温暖了脾土，滋润了肝木；接着，脾气开始上升，肝气开始升发，这就叫“肝随脾升”；然后，当肝脾之气上升到顶部之时，就会在这里遇上心火和肺气，心火本来是向上的，但由于肺气的收敛和肃降作用，心火会随着肺气下降，一直降入肾水；与此同时，胃气也随着肺气和心火一起下降；胃气一下降，胆气便会随着胃气一起下降，这就叫“胆随胃降”。大家看，肝脾之气从左边升，胃胆之气从右边降，一升一降，一左一右，便构成了人体之气的圆运动。不难看出，要维持这个圆运动的正常，有两个最关键的地方：一是脾胃；一是肝胆。脾升胃降，一上一下，一左一右，它们升降正常，圆运动就正常，所以，前面我们强调了脾胃的重要性；而另一个关键地方就是肝胆，肝升胆降，一上一下，一左一右，如果它们的升降不正常了，人体内的圆运动就会受到影响，所以，肝胆也是人体之气运行的关键。

人体内五脏六腑之气按照这个圆来运行，身体就会健康；如果人体之气违背了这个圆，人就会生病。中医说气是杀人贼，什么意思呢？就是说人体之气脱离了这个圆运动，变成了危害身体的强盗。那么，影响这个圆运动的因素有哪些呢？最主要的莫过于两种：一是外在的风、暑、湿、寒、燥、热；二是内在的喜、怒、忧、思、悲、恐、惊。外在的因素，我们前面已有论述，现在就来说一说内在的这些因素。

喜、怒、忧、思、悲、恐、惊，这七情究竟是如何影响身体之气运行的呢？概括一下就七句话：

喜则气缓；

怒则气上；

忧则气聚；

思则气结；

悲则气消；

恐则气下；

惊则气乱。

一个人如果高兴过了头，气的运行就会缓慢涣散，所以，中医说“喜伤心”；一个人如果经常发怒，气的运行就会往上走，人们常说“怒发冲冠”，指的就是怒则气上，所以，中医说“怒伤肝”；一个人如果忧愁过了头，气就会聚到一起，不能顺利地升降；一个人如果思虑过了头，气就会郁结在那里不运动，导致气机结滞，所以，中医说“思伤脾”；一个人如果悲伤过了头，气就会消沉，所以，中医说“悲伤肺”；一个人如果整天恐惧，气就会往下走，肾在圆运动的最下面，气都拥挤在了这里，肾如何承受得了，所以，恐惧会导致肾气失固，大小便失禁，老百姓说“吓得尿裤子”，中医说“恐伤肾”；一个人如果突然受惊，六神无主，气就会四处乱窜、乱成一团，气的升降运动也就混乱了，所以，中医说惊则气乱，惊慌失措会导致心神不定、气机紊乱。

人体内的气本来是按照水升火降这个圆在运动着，现在喜、怒、忧、思、悲、恐、惊这七情却可以干扰气的正常运行，使人体内的圆运动失常，这样一来身体就会出现问题。所以，我们可以适当的喜，适当的怒，适当的忧，适当的思，适当的悲，适当的恐，但千万不能深陷其中。一个人如果深陷这七情中的任何一种，气的运行都会受到严重影响，时间一长，疾病就会找上门来，所以，我常说：“百病生于气，情深人不寿。”

人们常将生病的原因归咎于外部的东西，什么致癌物啊，什么病毒细菌啊……殊不知，内部的七情更容易让人生病。我给大家举个例子，有一位女性，她在国外生活，辗转托人联系到我，希望我给她调理身体。她的

疏解肝之郁，小柴胡汤加味

身体状况非常糟糕，最主要的问题就是失眠，每天只能睡很少一点时间，而这种状况已经持续很长时间，这让她几近崩溃，各种治疗方法都用了，可就是没什么效果。她感觉自己非常虚弱，甚至上街买东西都累得不行，脸色也不好，月经还非常少……一个二十几岁的姑娘，身体怎么会如此糟糕呢？

在北京国贸附近的一个茶馆里，我见到了她，只见她面容憔悴、虚弱不堪。我看完舌头，把完脉以后，问她："口苦吗？"她点了点头；再问："容易发火吗？"她又点了点头。几乎所有肝气不舒的症状她都有了。于是，我知道是怎么回事了，她的主要问题就是肝郁。原来，她在国外工作，举目无亲，压力很大，而且生活在洋人中间，内心郁闷又无法交流排解，这样一来，她就把许多事情憋在心里，时间一长，就导致了肝郁。肝气本来应该是从左边上升的，但现在肝气郁滞在那里，不上升了，这就形成了肝气横逆，肝气一横逆，就阻碍了身体内的圆运动；圆运动不顺畅，整个身体就失调了；身体一失调，许多问题就会随之产生，比如失眠、月经量少、口苦、胸闷等。

那么，她这个病该怎么来调理呢？调理就应以疏解肝气为主，我给她开的是张仲景的小柴胡汤加味，三副药后，失眠明显改善；调理了几天之后，她的所有症状都消失了。看到她的变化，我内心十分高兴。在写这篇文章的时候，我又给她发了邮件，问她现在如何，她很快就回复了我：现在她的感情有了归宿，身体很好，很幸福。

其实，在我们的生活中，感情是一柄双刃剑，它可以让我们幸福，也可以让我们痛苦，甚至生病，所以，一旦陷入感情的旋涡，情感问题处理不好，往往就会伤到我们的身体，正所谓"情深人不寿"啊。

我亲眼见过一个例子，我的一个朋友，他深爱的人因为各种原因嫁给了别人，他心痛得头直撞墙，我感觉他就像是古龙笔下的小李飞刀，每日对着一轮皓月心痛，很快，他的头发就变白了。以前我曾怀疑人的头发会在很短时间内变白，但这次亲眼所见，让我深信：伤心确实能导致头发迅速变白。大家看，情感对人健康的影响多大啊！

第二节 人一生气，肝就罢工

人们可能对于这样的说法不陌生：“百病生于气”、“肝为百病之源”、“气是杀人贼”等，这里所说的气实际上指的就是生气。生气为什么对身体有如此大的影响呢？原来人体内的气本来运转得好好的，人一生气，肝就会罢工，肝一罢工，肝气就会横在那里不运动，从而造成郁积。

我们知道肝气在人体圆运动的左侧，它负责上升，现在肝气不上升了，它郁滞在了那里，中医称这种情况为肝郁，又叫肝气不舒。

也许有人会问：“为什么人一生气，肝就会罢工呢？肝有什么特点呢？”肝在中医里被称为“将军之官”，将军是个什么样子呢？将军的性格刚直不阿、直来直去、脾气暴躁、容易冲动，大家只要想一想猛张飞，就明白肝的秉性了。所以，中医关于肝还有一种说法，叫“肝为刚脏”，刚脏的特点就是急躁刚烈，动不动就要闹出点动静来。大家读《三国演义》时，总会看到这样的情况：一遇到不公平的事，别人还没说话，张飞便开始大喊大叫起来。肝也一样，人一生气，不等脾胃有反应，肝就先罢起工来，它一罢工，肝气郁滞，身体之气的圆运动就会受到影响，从而导致百病，所以，中医说“肝为百病之源”。

现在，白领中肝气郁结的人多到什么程度呢？这么说吧，有的时候，我给一个单位的人诊脉，结果我发现，绝大多数人的脉象都很相似，都是弦脉，也就是肝郁的脉象，开始的时候我还一条一条地说对方的症状，后来就笑笑，说：“你和前面的差不多。”因为我总说那几句话，让别人以为我似乎就只会这一点，怎么每个人都是同样的啊？

一天，我去开会，有位领导给我介绍了一位患者，是位女士，她说最近非常难受，总想吐，我诊了脉，问她：“你头晕吧?”回答：“是的。”我再问：“你心烦吧?”回答是。我又问“头痛吧?”回答是。我再问：“胃口不好吧?”回答是。我再问：“咽喉干吧?”回答是。我再问：“胸闷吧?”回答：“是，喘不上气来。”

我说了七八个症状，只有一个口苦她没有。她很诧异，怎么单凭一个诊脉，就会说得这么准确呢？其实，肝郁的人总有这一系列的症状，中医不是算命，也没有那么神秘，如果我判断患者是肝郁的话，就会用这些症候来对照，通常八九不离十，大家明白了这些道理，以后也可以自己对照一下。

有一个患者是北京电视台一位编导的男友，他当时的症状是呕吐、头晕、听力下降，呕吐到什么程度呢？在地铁里他会突然喷射着呕吐，然后头晕得无以复加，我去看他的时候，他说我给你表演一下，于是就把头一晃，结果当场就晕倒在沙发上了。

他为什么会找我给他看病呢？原因是他害怕穿刺和开颅。他曾去过西医医院，花了很多钱检查，做了很多头部 CT 什么的，最后也没有确诊，医生说要穿刺，吓得他连忙跑回了家，医生还告诫他说，三个月后，如果听力还继续下降，就要开颅。

我判断他的问题是肝郁造成的，就问他患病前生过气吗？他回忆了一下，说：“发病前曾与下属生过气。”于是，我就给他开了舒肝理气的小柴胡汤，稍微加了几味药，因为他的眼睛红，我又加了潜镇的龙骨和牡蛎。结果，吃了几副药后，他那些症状就消失了。西医医院听说他的情况后，怎么也不相信，说三个月后再查，如果听力下降，还是要开颅（不知道为什么要开颅）。

三个月后，我遇到了这个编导，问她男友的听力如何了，她说，一切都正常了，也不需要开颅了；她还告诉我，她男友的领导看到他的变化，颇为惊叹，也想来找我看病。当时我由衷地感慨，如果中西医的医生们能够在一起看病，或者西医懂些中医，这该多好啊，至少不至于想开颅啊。

我发现肝气郁结的情况真是太多了。在白领中，我开疏肝理气方子的比例大得惊人，有的时候自己就想，总开这样的方子不行吧，这是不是违背了中医辨证论治的原则？不应该这个人是这个方子，下个人还是这个方子吧？有几次我想从其他的角度考虑一下，另开个方子，结果，一换思路，马上就不见效了。所以，现在甚至连抑郁症，我都会开舒肝理气的方子，效果非常好。

有位女士，是个上市公司的高层，有一次我给她诊脉，诊完后，她认为我说得准确，很神奇，但是她自己先没有调理，而是要求我给她的丈夫调理，为什么呢？因为她的丈夫让她很是发愁，什么情况呢？就是失眠，整夜的失眠，无法控制自己的情绪，对什么都不感兴趣，最后甚至无法上班了。

我听完她的叙述，说："这可能是西医说的抑郁症吧？"

她说："对啊！怎么样，你会治疗抑郁症吗？"

我问她："西医都给怎么治疗的？"

她告诉我说已经治疗过很长时间了，时好时坏，没有什么大的改善，但精神科医师已经很满意了，还拿他做成功的例子呢。

我当时听完后也很犹豫，我哪里会治抑郁症啊？就只好说："那见个面吧，我只能给他调理一下身体，不一定能治疗他的抑郁症。"

结果一见面，一诊脉，我就发现他的脉很弦，这正是肝郁的脉象，同时舌头上有芒刺，覆盖的满是白苔。原来他曾在国外打拼过，身体承受了太大的压力。

于是，我问他：口苦吗？咽干吗？头晕吗？有呕吐的感觉吗？胸闷吗？容易发脾气吗？

这些情况，他几乎或多或少都有点，我判断他就是一个肝郁，我虽然不知道该怎么治疗抑郁症，但我知道如何疏肝理气。

我给他开了小柴胡汤，加了龙骨和牡蛎，没想到三副药后，他就有了反应，各种症状开始减轻，我又开了五副，很快他就可以睡整夜了。这让他有恍然梦醒的感觉，他感叹中医治病原来如此神速，简直太奇妙了。我也十分惊奇，为什么疏肝理气的药能治好他的抑郁症呢？后来我想到了

小柴胡汤 + 龙骨 · 牡蛎

《黄帝内经》里的一句话“肝藏魂”，人的魂魄是藏在肝里面的，肝气郁结之后，魂不守舍，人当然会睡不着觉，整天郁郁寡欢；现在肝气舒展升发了，魂魄有了一个安定舒适的家，自然不会四处游走了，人也就不会抑郁不安了。难怪这位病人肝气一舒，便会恍然如同梦醒一般。

经过这次调理，他的症状基本消失了，有一天，在国贸的一个咖啡厅里，他问我以后该如何养生，我给他讲了“肝为百病之源”的道理，他问如何才能养肝，我说：“养肝最好的方法是不生气。”他又问如何才能不生气？于是我就给他讲了大约一个小时的《金刚经》，告诉他：一定要放下很多事情，让心恢复宁静。其实，仔细想想，这个世界上的很多事情都不是人能够把握的，你以为这些钱你赚到了吗？想想，再过一百年，你赚的钱在哪里？你又在哪里？所以，不可执迷，当你把自己的心腾空了以后，你才能感受到真正的自己。

记得那天我喝了一瓶又一瓶的水，还是讲得口干舌燥，但当我走出咖啡厅的时候，我自己都觉得天真的很蓝，阳光真的很温暖，自己的心情原来是如此平和，仔细想想，那天说的很多话也是说给自己听的啊！

第三节　女性要想美丽，先要疏通肝气

女性爱美，这是她们的天性，一天，我在电视上看到一位当红的女明星甚至发出了这样的宣言：不美宁愿死，宁死也要美！不过，我不知道这些女性朋友是不是了解一个美的秘密，这就是：女性要想美丽，先要疏通肝气。

有很多女性长得十分美丽，但不知怎么回事，脸上莫名其妙地长出了蝴蝶形状的斑片，面颊两边对称分布，一边一块，有的呈黄褐色，有的呈深褐色，严重影响了她们的美丽。这些女性不惜花重金去美容，结果仍然无济于事。其实，外部的美丽总是来自于内部的和谐，内部不和谐了，外部当然就不美丽了。那么，黄褐斑究竟是怎么回事呢？

原来黄褐斑的发病原因就是肝郁。气为血之帅，气行则血行，气止则血止，肝郁之后，肝气横在那里不运动了，而体内之气的循环就会不畅，气的循环不畅继而会引起血的循环不畅，血循环不畅，色素沉淀物就会停留在皮肤上，所以，内部肝气郁滞，脸上就会长斑。其实，不仅黄褐斑如此，湿疹也是如此。

湿疹是个很顽固的病，很多人都有，尤其是在脖子和四肢、关节处易生，中医治疗的方法一般是疏风散邪，凉血化淤。这是一般的思路，我治疗了一些患者，却总是发现疏风之路不是很顺畅。

后来我反思发现是自己忘记了辨证施治，中医不是用一个套方来针对所有患者的，一定要结合病人的情况来治疗，所以我就仔细总结这些患者，最后发现，很多人都是情绪波动后才发的病，于是我就采用调和肝胆的小柴胡汤类方，或者是四逆散等方子，稍微配合点走皮肤的药物如白藓

皮，结果这些女士的肝气疏开以后，病情居然就逐步好转了，最后有很多就痊愈了（女性肝郁小柴胡汤证见彩图七、彩图八）。

其实，湿疹是很难痊愈的，很多人服用疏风散邪的中药，半年半年的服用，也都没有治愈，反而是疏解肝气起到了非常好的作用。可见，情绪在女士的生活中有多重要。

给大家举个例子，有位女性朋友患湿疹，托朋友找我调理。她自己说已经找很多医生看过了，看了大约半年了，没有效果，有的时候反而加重了。当时，她随身带着病历，我接过厚厚的病历，看到的都是疏风、祛湿、凉血、解毒之药，这让我无语。

因为巧了，就在前一天，我刚刚和一位我的博士同学讨论过这个问题，他毕业后曾经在某医院的皮肤科工作，我问他："现在我们中医总结出的这个治疗皮肤病的固定思路——疏风祛湿、凉血解毒，效果到底怎么样？你给评价一下。"

他当时苦笑，不说话。这给我留下了很深的印象。

其实，我们中医永远是根据每个患者的具体情况来开方子的，从来没有一个固定的药方能够适合同一种疾病，丢失了这个原则，看病的疗效就会下降。

当时我看这位朋友，她的患处也在脖子的两侧，还有四肢的关节处，这如何分析呢？

中医认为，人体的两侧为阴阳交接的部分，所以脖子侧面的问题，可以从肝胆论治；而关节处，为筋之所聚，中医认为肝主筋，肝病也会引起关节处的问题，所以，我判断这个患者的情况跟肝胆不和有关。

中医认为，肝升胆降，都主气机的疏泄，如果肝胆失和，疏泄不利，那我们的身体就会出现各种问题，而引起肝胆失和的一个主要原因就是情志失调。

肝胆不能疏泄会导致水湿停滞，出现湿疹等问题，这个时候，单纯利水湿效果不好，因为得把根源问题调理过来才能一劳永逸啊。

这就好比一个水龙头打开了，满屋子都是水，如果我们只是不断地利

十柴胡汤

水，用盆和桶把屋子里的水舀出去，用解毒之药，不断把墙上发霉的地方铲除，您觉得这是一个好的解决办法吗？估计不管我们怎么舀，屋子里的水都不会减少多少，因为水龙头还在流水啊。这个时候最好的办法，就是把水龙头关上，这才能解决问题的根本，而调理肝胆就相当于关上这个水龙头。

为了明确诊断，我追问这位朋友："你仔细回忆一下，发病之前是否有过特别生气的事情？"这是我的经验，大的精神伤害，往往是这个病的诱因，我遇到的很多病人都是如此。

她仔细回忆，果然当时家里出了问题，她那个时候非常郁闷，又无处可说。

这样，我就基本确定了问题所在，于是，给她开了调和肝胆的小柴胡类方。

从头到尾，这个病我没有用任何的苦参、野菊花、地丁等凉血解毒之药，也没有用祛湿之药，但六副药以后，她的病情就大有改善。后来，我记得是服用了不到二十副，这个病就痊愈了。

每当听到朋友痊愈的消息，我都会很高兴。

但令我不愉快的事情也有，最大的一件就是，现在居然有很多人并未意识到肝郁对身体的危害。前几天，有几位外地的朋友，托我去找广安门医院的某老中医看乳腺癌，这位老中医的号都挂到几个月以后了，真没想到患乳腺癌的人现在如此之多。其实，这个病和肝气不舒有着直接的关系，现在这个病的增加，和我们压力大有很大的关系，家庭的、工作的压力都会导致女性的情绪不稳，最后积攒在一起，就会致病。

这些疾病的出现，归根结底是因为肝气不舒，而女性是以肝经为重的，因此肝气不舒，很容易导致女性的各种疾病，有时候这些病都是莫名其妙的。所以，人们常说女性伤肝，男性伤肾。

第四节 慈悲是长寿的秘方

喜、怒、忧、思、悲、恐、惊，人的任何情绪一旦过度，都会影响体内气的运行，气的运行一混乱，疾病就会乘虚而人，所以，人们说“百病生于气”。

如何来调控自己的情绪呢？《黄帝内经》总结出了一套方法：“悲胜怒、恐胜喜、怒胜思、喜胜忧、思胜恐。”意思就是，人们可以用恐惧的情绪来战胜狂喜；用悲伤的情绪来战胜恐惧；用愤怒的情绪来战胜忧思；用狂喜的情绪来战胜忧思；用忧思的情绪来战胜愤怒。范进中举就是这样，十年寒窗，一朝中举，范进狂喜不已。然而，喜伤心，高兴过了头，气的运行就会缓慢涣散；气一缓慢涣散，痰就上涌；痰一上涌，心窍迷失，人就会发疯。治疗的办法就是“恐胜喜”，范进平日最怕自己的岳父，岳父凶神一般给了他一个嘴巴，范进受了惊吓，人立刻就清醒了过来。

值得注意的是，虽然有人用这套方法来治病，但实际操作起来却很难，而且它还有一个致命的缺陷——这七种情绪形成了一个圈，无论你怎么走，都会陷入其中，你用恐惧战胜了狂喜，狂喜的麻烦虽没有了，但你又陷入了恐惧之中。

前几年，我看见过这样一个场面，一位母亲，她的儿子被车撞伤了，母亲赶到事故现场，愤怒地对着肇事司机狂骂，还拳脚相向，这位母亲完全被愤怒的情绪控制了。很快，当她看见自己的儿子瘫倒在那里时，悲伤的情绪立刻战胜了愤怒，她又陷入极度的悲伤之中。这一场景引起了我的深思，我们每个人不都像那位母亲一样吗！时刻都在愤怒、悲伤、喜悦和惊恐这样的情绪中跳来跳去。今天，遇见了喜事，你会高兴；明天，也许就有事让你愤怒；后天，你又会陷入悲伤之中。人啊，只要一出生，七情便与你形影不离，无论你如何跳跃，都无法逃出这个怪圈。

人有七情相伴，痛苦便会相随。俗话说："人活一张脸，树活一层皮。"人脸实际上就是一个"苦"字：两条眉毛是草字头；两只眼睛加一个鼻子是个十字；眼睛鼻子和嘴相连就成了一个"古"字；草字头和"古"相连，活脱脱就是一个"苦"字。

大家来看，我们高兴过了头，心会受苦；我们愤怒过了头，肝会受苦；我们忧思过了头，脾会受苦；我们悲伤过了头，肺会受苦；我们恐惧过了头，肾会受苦……人之苦，何时才算尽头？我们的心灵究竟应安放在何处？如何才能避免那么多的痛苦？

记得在北京中医大学读博士时，有一件事给了我很大的启发。一天，我心里觉得烦闷，就独自一个人去大学附近的中日友好医院散步。路过病房时，我看见许多病人脸上那痛苦的表情，恻隐之心便油然而生。令人惊奇的是，有了恻隐之心后，不知不觉，自己所有的烦恼便烟消云散了。在回宿舍的路上，我的心情非常平静，气血无比通畅，第一次真正体会到了《黄帝内经》说的"恬淡虚无，真气从之"。于是，我恍然大悟，原来人完全可以从喜、怒、忧、思、悲、恐、惊这七情中走出来，上升到另一个更高的层次，这个层次就是慈悲。有了慈悲心之后，人便能超越七情，真正拥有心平气和的心境。

身体就像一辆公共汽车，喜、怒、忧、思、悲、恐、惊这七情是车上的乘客，贪婪、嫉妒、虚荣、猜疑和仇恨这五毒是车上的小偷，驾驶这辆车的是慈悲之心。我们无法抛弃车上的乘客，也无法彻底清除车上的小偷，但我们必须保证驾驶这辆车的是慈悲之心。如果车上的驾驶员换成了七情中的一种，那车就会迷失方向，如果驾驶员换成了五毒中的一种，结果就会车毁人亡。

人可以没有多少钱财，没有多高地位，没有多大名声，但他一定要有慈悲之心，人生真正的健康和幸福不取决于钱财和名声，只取决于你的心境，取决于你是否拥有一颗慈悲之心。以情制情，你得到的无非是另一种情；以欲望来满足欲望，你得到的是更大的欲望。人生以钱财地位和名声为目的，那么，人就会整日生活在兴奋、忧虑、恐惧和悲伤之中。没成功时，人有无数忧愁和抱怨，为吃忧愁，为穿忧愁，为房忧愁，然后便会陷入没完没了的抱怨；成功时，人又会兴奋过度，得意忘形；等到功成名就之后，人又会充满恐惧，怕失去官位，怕失去财产，怕生病，怕老，怕死。人真的很可怜，总是屈服于自己的欲望，深陷于七情的泥潭。

一个人如果总是深陷七情之中，体内之气混乱不堪，疾病就会尾随而来，癌症、糖尿病、高血压、胃溃疡、皮肤病、哮喘等，任何一种疾病无不与七情有关。有个网友患的是重症肌无力，她告诉我："为什么患这个病的人都那么相似呢？一个病房里，都是争强好胜、脾气急躁的人。"

其实，很多年前，我为一位重症肌无力的老太太诊脉，就发现她的肝脉很特别，我判断她的病与七情有关。当场她的儿女们就回忆，原来那年女儿闹离婚，老太太一生气，结果就患上了这个病。大家看，七情对人的影响多大啊。也许你生气的时候，不会觉得有什么影响，生完气过后就忘了，甚至将因为什么而生气都忘得干干净净，但身体不会就此忘记，你的每一次喜、怒、忧、思、悲、恐、惊，身体都会牢牢记住，时间一长，到了一定的限度，它就会找一个突破口爆发出来。如果你的肝薄弱，疾病就会爆发在肝上；如果你的肾薄弱，疾病就会爆发在肾上；如果你的心薄弱，疾病就会爆发在心上。所以，人们常说即使是最毒的病毒，也不能像内在的七情那样伤害自己。

人要想从七情之中解脱出来，就必须拥有一颗慈悲之心。人有了慈悲之心，就会变得宽容；人一宽容，气就不会郁滞；气不郁滞，血就通畅，所以，心宽一寸，病退一丈。宽恕是一味良药，宽恕别人，最大的受益者不是别人，而恰恰是自己。因为你在宽恕别人的同时，也就敞开了自己的心灵。心灵一敞开，愤怒、怨恨和恐惧就会悄悄地溜走，你的内心没有了郁滞，气血也就通畅了。所以，宽容之人总是健康长寿，而斤斤计较之人总是福薄。

人有了慈悲之心，就会变得善良；人一善良，心就宁静。宁静之心能让我们的身体远离喜、怒、忧、思、悲、恐、惊。善心犹如春雨，默默地滋润着身体，它能让气变得柔顺，让血变得通畅。所以，善是万病之药。

人有了慈悲之心，内心就会充满爱，爱就像春风，能吹散七情的乌云。就以恐惧为例来说，我有一位女同学，十分胆小，平时不敢一个人在家，后来结婚有了孩子，她居然敢与孩子一起待在家里，我问她："孩子才一岁多，你认为他能保护你吗？"她回答说："因为我爱他，所以，什么都不怕了。"爱能战胜一切，当你陷人恐惧、忧虑、悲伤和愤怒之时，试试去为他人做点事，因为只有懂得奉献爱的人，他内心才会获得真正的幸福。

人有了慈悲之心，也就懂得了感恩。人生如寄，我们的生命是借来的，迟早要还回去。感恩是人的本性。我们感谢天，感谢地，感谢父母，感谢食物，是他们给了我们生命，并使生命得以维持。人一旦懂得感恩，心就会平和下来，因为感恩者知道人只不过是自然的一部分，我们应该谦卑地面对自然。然而，不懂得感恩的人始终认为自然是人的一部分，所以，他们总是贪婪无度，内心狂妄，心浮气躁。这样的人怎能拥有长期的健康？

总之，堡垒最容易从内部攻破，养生也是如此。我们既要注意外在的风、湿、寒、暑、燥、热，更要警惕内在的喜、怒、忧、思、悲、恐、惊。外邪会打乱身体的阴阳，内毒更能破坏我们的气血。要想内部的堡垒坚固，我们就要拥有一颗慈悲之心，你的慈悲心有多大，你的堡垒就有多坚固。所以，我们说"慈悲是长寿的秘方"。

问答：

新浪网友问：

罗老师好，春天快到了，最近有些同事（女同事居多）出现了如下症状：头晕、目涩、大便干燥，这也是感冒的症状吗？可以按您说的方法治疗吗？

罗博士答：

这应该不是感冒啊，应该是肝经的问题，因为春天应肝，建议在喝茶的时候，放入三朵玫瑰花。玫瑰花可以行气。

在春天即将到来的时候，可以服用一点疏理肝气的药，比如中成药逍遥丸。如果肝火变大了，可以用一个清朝皇宫里的方子——灯芯竹叶汤，这是清官御医给帝后嫔妃们开的方子，这些嫔妃往往情绪郁闷，御医就用灯芯草、竹叶来泡水，让她们当做茶水喝。

一般灯芯竹叶汤的剂量是：灯芯草三克、竹叶三克，这两味药都是泻心火的。中医认为，肝为木，心为火，木生火，所以肝为心之母，我们调理身体的原则是“虚则补其母，实则泻其子”，要泻肝，一个好的方式就是泻它的儿子——心。灯芯竹叶汤就是这个思路。当时，这个方子在清宫里面经常用，比如道光的皇后孝慎成皇后，一直服用这个方子，我因为工作的关系要研究清宫医案，由此我发现她几乎常年服用灯芯竹叶汤，估计她的生活比较郁闷，但因为一直这么保养，所以也是长期无病，得以长寿。

小星狗问：

罗大哥，你说很多女生乳腺增生与生气有关，我就是这样，我容易生气，前几天去体检，医生说有增生的症状，我还年轻，今后该怎么办呢？

罗博士答：

要注意疏肝解郁，这是最重要的，要记住情绪不佳是最关键的一个致病因素，有很多时候，我们开中药可以使患者情绪好转，但是如果自己不注意调理，则很快就会反复，所以养心是健康的根本，养生的最高境界就是养心，只有心态平和，才会获得真正的健康。至于调理乳腺增生，一般需要配合通络、化痰等方法。这样才可以使郁结逐渐散去，最终获得完全的康复。最后，告诉您一句我的心得，那就是：在我们的生活中，健康是最重要的事情，只有您的身体健康，生活才会充满阳光。因此，为了拥有丰厚的人生，让我们敞开心怀，微笑着面对我们周边的一切事物吧！